W0237869

MLM Marketing

Alles was Du über MLM Systeme und Network-Marketing Firmen wissen musst, um Dir endlich eine erfolgreiche Geldmaschine im Strukturvertrieb aufzubauen

1. Auflage

ISBN: 978-3-948751-00-5

Inhaltsverzeichnis

Einleitung

Warum gibt es dieses Buch? MLM – oft auch unter Multi-Level-Marketing, Network-Marketing, Strukturvertrieb, Netzwerk-Marketing oder schlicht Empfehlungs-Marketing betitelt – ist so ziemlich die einzige realistische Möglichkeit, für unternehmerisch denkende Menschen, finanzielle, zeitliche und örtliche Freiheit gleichzeitig zu erreichen. Denn im normalen Berufsleben, sind die einen bestenfalls reich an Geld aber dafür arm an Zeit oder reich an Zeit aber dafür finanziell arm und somit generell immer in irgendeiner Art und Weise gefangen. Network-Marketing hingegen erlaubt Freiheit ohne Grenzen, etwas nachdem nahezu alle Menschen streben.

Im Gegensatz zu den klassischen Karriere- und Einkommensmöglichkeiten in der freien Wirtschaft, benötigt MLM weder Talent, noch eine bestimmte Ausbildung, Vorwissen, (viel) Budget oder Vitamin-B und schon gar nicht Risiko. Ganz im Gegenteil, MLM erlaubt es jedermann und jederfrau ab 18 Jahren zum Taschengeldtarif und sicher und bequem aus dem Nebenberuf heraus zu starten und damit zu beginnen sich eine wachsende zusätzliche Einkommensquelle aufzubauen.

Kein anderes mir bekanntes seriöses und erfolgserprobtes Geschäft erlaubt zugleich so viele Vorteile und finanzielle Einkommenschancen, bei gleichzeitig so wenig Risiko. Denn MLM braucht weder Kredit, noch muss dafür die bestehende Beschäftigung aufgegeben werden. Durch das Passive Einkommen ist sogar der Aufbau eines Lifestyles möglich welche sonst generell nur Privatiers genießen können.

Trotz dieser nahezu unschlagbaren Vorteile und des seit über einem halben Jahrhundert bewährten Geschäftsmodells ist es umso mehr überraschend, dass bisher immer noch nur die aller wenigsten Menschen diese brillante Einkommens- und Karrieremöglichkeit fern des Mainstreams kennen.

Selbst diejenigen welche mal mit der Begrifflichkeit MLM in Kontakt kamen, haben es sich nur selten unvoreingenommen angeschaut, geschweige die Chance dahinter für sich und als Vehikel für ein besseres Leben erkannt.

Gerade in unserer heutigen Zeit, wo die Reallöhne immer weiter sinken, Spareinlagen immer weniger Rendite abwerfen und Rentner immer häufiger in Altersarmut landen – mehr als die Hälfte aller Renten bezieht vom Staat weniger als 900 Euro[1] - ist es wichtiger als jemals zuvor nach Alternativen Ausschau zu halten.

Dieses Buch soll mit dazu beitragen MLM als echte Gelegenheit zu erkennen. Mit Vorurteilen aufräumen und das einzigartige Geschäftsmodell mit seiner besonderen Dynamik noch besser zu verstehen. Gleichzeitig vermittelt das Buch viele wertvolle Tipps, wie u.a. in der Gesprächsführung mit potentiellen Partnern, zum richtigen Mindset und in der Geschäftspartnergewinnung. Am Ende dieses Buches wirst Du nicht nur schlauer und erfolgreicher im Network-Marketing sein, sondern auch überzeugter und begeisterter von der Branche als jemals zuvor.

Egal inwieweit Du ggf. noch überlegst ob Network-Marketing das richtige für Dich ist oder ob Du möglicherweise bereits erste Erfahrungen in der Branche gesammelt hast und Dein Wissen und Überzeugung erweitern möchtest, diese wertvolle Lektüre wird Dir helfen aus meinen Erfahrungen und Fehlern aus über einem Jahrzehnt Network-Marketing und über eintausend direkt aufgebauten Erstlinien, aus welcher abertausende Partner in der Tiefenstruktur entstanden sind mit einem Multi-Millionen Jahresumsatz, zu profitieren.

Was wir dabei niemals vergessen sollten: Network-Marketing ist zwar ein fixes und fertiges Business, wo grundsätzlich jeder einsteigen kann, aber deshalb ist es noch lange nicht auch automatisch ein Geschäft für jeden. Es ist aber ein Geschäft für viele, welche bereit sind ihr Glück in die eigene Hand zu nehmen, langfristig denken, sich selbstständig motivieren und begeistern können und Spaß im Umgang mit anderen Menschen haben. Für all diese Personen bietet MLM eine echte

---

[1] https://www.tagesschau.de/inland/rente-283.html

Gelegenheit für ein sukzessive wachsendes Nebeneinkommen und gar, nach nur wenigen Jahren, eine hauptberufliche Perspektive.

1. Zehn gute Gründe warum Multi-Level-Marketing das beste Geschäft der Welt ist

Das man sich im Multi-Level-Marketing mehr als nur ein durchschnittliches zusätzliches Einkommen aufbauen kann, ist Dir sicherlich nicht neu, doch hast Du auch schon die anderen großen Vorteile erkannt, welche Dir das Multi-Level-Marketing-Business bietet? Wenn nicht, dann kannst Du in diesem Beitrag erfahren was ich persönlich an diesem Business ganz besonders zu schätzen gelernt habe und auch Du spätestens dann schätzen wirst sobald Du von Deinem MLM-Business profitierst. Wichtig ist es daher sich dieser Vorteile und Vorzüge bewusst zu sein, denn nur so weißt Du warum Du all die Mühen auf Dich nimmst.

1. Passives Einkommen

Viele reden zwar davon, doch ein **echtes Passives Einkommen** bieten nur wenige Geschäftsgelegenheiten. Auch im Multi-Level-Marketing muss man natürlich erst mal arbeiten, doch ab einer bestimmten Strukturgröße ist ein Tipping-Point erreicht, ab wann die weitere Dynamik, ähnlich wie eine Kettenreaktion, nicht mehr aufgehalten werden kann, d.h. echtes Passives Einkommen.

2. Arbeiten wann man möchte

Im Multi-Level-Marketing bestimmt man selber wann man etwas für sein Geschäft tun möchte und wann nicht. Egal ob man am Vormittag arbeitet oder am Nachmittag oder erst am Abend, d.h. **volle zeitliche Flexibilität.**

3. Sein eigener Boss sein

Niemand der einen nervt, etwas vorschreibt oder bevormundet. Wer Networker ist, der ist sein **eigener Chef.**

4. Aufstehen wann Du willst

Heute spontan auf eine Party? Oder letzte Nacht schlecht geschlafen? Kein Problem, im Multi-Level-Marketing **entscheidest Du selber wann Du aufstehen möchtest** und wann (noch) nicht.

5. Vergütung gegen Leistung

Als ich damals noch in der Bundeswehr war, habe ich mich fast zu Tode gelangweilt, denn generell gab es bereits ab 12 Uhr kaum noch etwas zu tun. Die Zeit verging und verging nicht und ich schielte ständig automatisch auf die Uhr, welche sich kaum vorwärts zu bewegen schien. Und konnte und wollte gar nicht abwarten bis endlich Feierabend war. Im Multi-Level-Marketing hingegen bekomme ich für jede Leistung etwas zurück. Leistung für meinen Einsatz direkt und indirekt, indem ich meine Partner mit meinen Erfahrungen und angesammelten Wissen unterstütze, das nenne ich fair. Es gibt unzählige Menschen in der Branche welche so, mit nur etwa 20h in der Woche, ein Vielfaches von dem eines normalen Angestelltenjobs verdienen oder gar bereits im Nebenberuf mehr einnehmen als in ihrem Vollzeitjob.

6. Freundschaftliche Zusammenarbeit

Was ich früher immer gehasst habe im Angestelltenverhältnis war die, pardon, Arschkriecherei und das häufig hinterlistige Verhalten so mancher Mitarbeiter. Viele sehen einen als Konkurrenz auf die eigene Position und lächeln Dir bspw. ins Gesicht, während sie hinter Deinem Rücken nur schlechtes über Dich erzählen. Besonders zu den Zeiten meiner Arbeit bei einer Bank habe ich dieses Kleinkindverhalten zur

Genüge gespürt. Ich dachte teilweise ich wäre im falschen Film, so unglaublich primitiv und grotesk war das Gebaren.

Im Multi-Level-Marketing hingegen gibt es „echte“ freundschaftliche Zusammenarbeit, denn jeder ist an dem Erfolg des anderen interessiert, da alle indirekt **am Erfolg mitpartizipieren.** Somit ist eine echte partnerschaftliche Zusammenarbeit garantiert, denn man ist **keine Konkurrenz zu dem anderen, sondern ein wertvoller Multiplikator.**

7. Arbeiten auf Augenhöhe

Herablassende Kommunikation ist im Berufsalltag leider weit verbreitet. Besonders in einigen Berufssparten wird der Rank durch Abzeichen klar nach außen kommuniziert, wie bspw. in der Armee, in der Polizei, der Feuerwehr usw..

Im Multi-Level-Marketing hingegen begegnet man sich stets auf Augenhöhe, ganz egal wie weit auch jemand schon in der Karriereleiter aufgestiegen ist, denn ohne die eigenen Partner wäre niemand allein jemals so erfolgreich geworden.

8. Urlaub wann und wie lange man möchte

Nächste Woche Mal spontan in den Urlaub fliegen? Oder vielleicht Mal einfach ein paar Tage den Urlaub verlängern? Multi-Level-Marketing erlaubt Dir diese Freiheit. Bevor ich z.B. meinen Sohn bekam, bin ich mit Freunden jedes Jahr einige Wochen nach Kalifornien geflogen. Im Gegensatz zu meinen Kumpels konnte ich dabei jederzeit die Partys in Las Vegas und die Zeit am Strand vollends genießen, denn sie hatten leider nicht so einen freien Kopf und bereits zu Beginn des Urlaubs kreisten ihre Gedanken ständig um die bevorstehende Arbeit - nach der Reise, welche schon bald wieder auf sie zukommt. Nahezu jeden Tag hörte ich dementsprechend Aussagen wie: „Oh man, nur noch x Tage und dann geht schon wieder die Arbeit los."

9. Arbeiten wo man möchte

Du weißt noch nicht ob Du in einigen Jahren möglicherweise woanders leben möchtest oder bist ein Weltenbummler? Wunderbar, dann ist Multi-Level-Marketing das perfekte Business für Dich! Wenn Du z.B. so arbeitest wie ich, dann benötigst Du lediglich ein Notebook und einen Internetanschluss.

10. Keine Sorge um die Rente & vererbbares Einkommen

Du möchtest auch jenseits von 65 noch einen Lebensstil in Würde führen? Kein Problem, mit Multi-Level-Marketing kannst Du Dir eine Rente aufbauen welche weit über der maximalen Brutto-Rente von etwa 2.200 Euro im Monat liegt. Und egal wie lange Du auf dieser wundervollen Welt auch verweilen wirst, Du kannst Dein Einkommen später vererben, so dass selbst Deine Kinder oder/und Frau noch davon profitieren können.

Fazit

Wie Du siehst, es gibt viele gute Argumente ein Multi-Level-Business aufzubauen! Multi-Level-Marketing ist viel mehr als lediglich ein Business um perspektivisch ein überdurchschnittliches Einkommen zu erzielen.

Multi-Level-Marketing erlaubt Dir maximale **Work-Life-Balance**. Multi-Level-Marketing legitimiert Dich für maximale **Selbstbestimmung**. Multi-Level-Marketing ermöglicht maximale

Unabhängigkeit. Multi-Level-Marketing gestattet maximale **Freiheit**. Multi-Level-Marketing genehmigt maximale **Gesundheit**. Multi-Level-Marketing bewilligt Dich dazu das im Leben zu tun was Dir wirklich wichtig ist, statt den Großteil Deines Lebens Woche für Woche in 40h einzutauschen!

Aber Achtung: **Auch im Multi-Level-Marketing wird Dir natürlich nichts geschenkt**, aber mit der richtigen charakterlichen Einstellung, wie Wille, Disziplin, Lernbereitschaft, Geduld und Kontinuität kann sich prinzipiell jeder unternehmerisch denkende Mensch, **realistisch in bereits 3 bis 7 Jahren, eine Hauptexistenz aus dem Nebenberuf heraus aufbauen.** Und das **mit nur etwa 2h am Tag, von daheim aus und mit einer mtl. Investition auf Taschengeldniveau**.

In welchem seriösen Geschäft, wenn nicht Network-Marketing, ist es bewiesenermaßen noch möglich, mit so wenig Risiko und Zeit so viel und so viele Vorteile „langfristig" zu erreichen?

2. Was unterscheidet MLM von einem Schneeballsystem?

Oft wird von Laien **MLM**– bzw. Network-Marketing, Multi-Level-Marketing oder Strukturvertrieb – mit einem Schneeballsystem verwechselt und viele Networker kommen bei dieser Aussage sprichwörtlich ins Schwitzen. Manche fürchten sogar diese Bemerkung eines Interessenten wie der Teufel das Weihwasser. Doch was ist nun der Unterschied bei einem illegalen Schneeballsystem zum legalen und ethisch korrekten MLM-System?

Bei einem **Schneeballsystem funktioniert das Konzept nur durch ständige neue Teampartner**, d.h. man muss zwingend eine Struktur aufbauen um Geld ins System zu bekommen. Wenn es kein Wachstum mehr gibt, bricht das System letztendlich zusammen.

Gelder werden in typischen Schneeballsystemen generell nicht in echte Produkte investiert, sondern lediglich für Kopfgeldprämien eingezahlt. Man erhält also keinen entsprechenden Gegenwert für sein Geld.

Im legalen Vertriebssystem des **MLM** hingegen, **kann man auch nur durch den Direktvertrieb Geld verdienen**, d.h. man muss nicht zwingend eine Struktur aufbauen.

Zudem erhält ein Networker auch dann noch ein Einkommen wenn keine neuen Leute mehr in sein System kommen, denn er erhält Monat für Monat seine Beteiligung an den Kundenumsätzen, d.h. selbst wenn die Firma, in der der Networker tätig ist, mal irgendwann stagnieren sollte, erhält er weiter seine Vergütung auf die bestehende und aufgebaute Kundenstruktur.

Des Weiteren werden in einem MLM-System keine Kopfgelder bezahlt, sondern es werden **lediglich Gelder für Produkte ausgegeben**.

Bei einigen MLM-Systemen fallen darüber hinaus zusätzliche – wie beim klassischen Franchising – kleine Lizenzgebühren an, einmalig bzw. jährlich.

Zudem werden bei **Schneeballsystemen oft die Produkte in der Tiefe der Struktur immer teurer vertrieben**, während sie **im Network-Marketing stets zu den gleichen Konditionen weiterverkauft** werden.

Schneeballsystem vs. Network Marketing:

Schneeballsystem	**Network-Marketing**
Keine echten Produkte	Echte Produkte
Kopfgelder	Provision nur bei Umsatz
Produkte werden in der Tiefe der Struktur häufig immer teurer weiterverkauft	Produkte werden immer zum gleichen Preis weiterverkauft
Diverse Zusatzangebote für Coaching und Weiterbildung stehen im Fokus	Produkte der Firma stehen im Mittelpunkt
Geld verdienen nur über weitere Mitglieder möglich	Geld verdienen auch ohne Strukturaufbau möglich
Vermeintliches einfach Geld verdienen und schnell-reich-werden wird propagiert	Ein seriöses Geschäftsmodell mit langfristig überdurchschnittlichem Entwicklungspotential wird aufgezeigt
Dauer des Systems generell nur zwischen wenigen Monaten bis maximal 5 Jahre	Systemdauer faktisch unbegrenzt - viele MLM-Firmen bestehen schon seit Jahrzehnten

Du siehst, wenn man sich beide Systeme genau anschaut, dann stellt man fest, dass die legale Vertriebsform MLM mit der illegalen „Vertriebsform" - für mich ist es eher ein Art Glücksspiel - Schneeballsystem so gut wie nichts zu tun hat. **Die einzige**

Gemeinsamkeit ist die, dass man, wenn man Partner ins System bringt, zusätzlich exponentiell profitieren kann.
Mein Tipp, wenn mal jemand zu Dir sagt: „Ah, das ist doch eines dieser typischen Schneeballsysteme!“ Dann antworte einfach darauf: „Ne, im Sommer funktioniert das Konzept auch!“ Oder frage einfach: „Was ist denn bitte ein Schneeballsystem, kannst Du mir das mal erklären?“ So wirfst Du den Schneeball wieder sprichwörtlich direkt zurück. Ich persönlich sage dazu einfach, wenn mal jemand wieder MLM mit dem illegalen Schneeballsystem verwechselt: „Ja, es ist eine Art Schneeballsystem, indem Sinne das, wie in der Natur, sich eine große Eigendynamik ähnlich einer Lawine entwickeln kann. Abzugrenzen ist es allerdings vom illegalen Vertriebssystem „Schneeballkonzepte“ welche in Deutschland (zurecht) verboten sind.

2.1 Weitere illegale Systeme: Ponzi-, Pyramiden-, Schenksysteme

Neben der illegalen vertriebsform Schneeballsystem gibt es noch einige weitere illegale Vertriebsformen mit denen MLM häufiger von Laien verwechselt wird. Dazu zählt zu einem das Ponzisystem, welches nach dem amerikanischen Betrüger Charles **Ponzi** benannt wurde. Einfach ausgedrückt handelt es sich dabei um meistens **hohe Renditeversprechungen zu vermeintlichen Finanzanlagen**, wobei die Einzahlungen der Neu-Kunden aber nicht in die Finanzanlagen investiert werden, sondern lediglich um die Gewinnausschüttungen der Alt-Kunden zu finanzieren.

Solche Systeme können durchaus einige Jahre dauern und Schäden von Milliarden USD entwickeln, wie u.a. der auferlegte Investmentfonds von Bernard L. Madoff, mit einem geschätzten Schaden von über 50 Milliarden USD. [2]

Pyramidensysteme werden oft synonym mit Schneeballsystemen betitelt. Allen Pyramidensystemen liegt zu Grunde, dass die **vertriebenen Produkte in der Tiefe der Struktur immer teurer werden**, d.h. während A z.B. das Produkt noch für 50 Euro anbieten kann, kann es B nur noch für 60 Euro weiterverkaufen, C nur noch für 70 Euro usw..

Allein schon dadurch, dass jeder weitere Teilnehmer keine gleich fairen Bedingungen vorfindet bzw. diese absolut unverhältnismäßig sind, ist es kein ethisches Geschäftsmodell. Durch die stetig steigenden Preise in der Tiefe ist das System zudem zum Zusammenbruch vorprogrammiert und kann auch deshalb kein seriöses, geschweige dauerhaftes, Business sein.

Bei der **illegalen Vertriebsform Schenkkreise** werden generell **keine Produkte vertrieben, sondern Teilnehmer zahlen Beiträge** an den Vermittler. Wobei diese Beträge auf mehreren Empfehlungsebenen verteilt werden. Da weder eine Ware vertrieben wird und zudem das stetige anwerben von Mitgliedern nötig ist um Gewinne zu generieren, kann es kein dauerhaftes ethisches Geschäftsmodell und schon gar nicht eine legale Vertriebsform darstellen.

Fazit

Während die Unterschiede Ponzi, Schenkkreis und Pyramidensystem im Vergleich zum seriösem Network-Marketing, bereits bei kurzer Betrachtung der Erläuterungen, einfach zu erkennen sind, ist der

[2] https://de.wikipedia.org/wiki/Bernard_L._Madoff

Unterschied Schneeballsystem zu Network Marketing für einen Laien hingegen oft nicht so schnell und einfach identifizierbar. Doch betrachtet man beide Systeme genau und beschäftigt sich mit der Materie, dann erkennt man das ein Schneeballsystem ebenso zurecht verboten ist aber erfreulicherweise nichts mit der seriösen Vertriebsform Network-Marketing zu tun hat.

3. Welche MLM-Vergütungspläne gibt es?

3.1 Unilevelplan

Der Unilevelplan bzw. auch bezeichnet als Unilevelmarketingplan ist im MLM der einfachste zu verstehende aller Vergütungspläne und ist daher auch besonders schnell erklärt.

Funktionsweise

Grundsätzlich stellt der Unilevelplan einfach eine Ebenenerweiterung der Empfehlungsstruktur in der Tiefe da, d.h. wenn eine Firma im reinen Empfehlungs-Marketing bzw. Affiliate-Marketing eine Provision von z.B. 50% des Umsatzes ausschließlich direkt an den Vermittler zahlt, wird diese hingegen bei einem Unilevelplan auf mehrere Ebenen aufgeteilt.

Wie tief dabei die maximale Ebenenvergütung ausfällt ist unterschiedlich. Es gibt sowohl 3-stufige Unilevelpläne, wie auch Pläne mit über zehn Generationen in der Tiefe. Die meisten Multi-Level-Marketing-Firmen allerdings setzen 5- bis 8-stufige Unilevelpläne ein.

Beispiel: Wenn Klaus in einem 5-stufigen Unilevelplan Umsatz generiert, dann können jeweils bis zu 5 Networker über ihm an seinem Erfolg mitpartizipieren.

Gleichzeitig kann natürlich auch Klaus bis zu 5 Generationen in die Tiefe aufbauen, an denen er dann auch eine Beteiligung erhält. Bei zum Beispiel 50% Umsatzbeteiligung auf alle 5-Ebenen und einer gleichmäßigen Verteilung des Umsatzes je Stufe, wären es 10% pro Ebene. Er darf natürlich auch mehr Partner in der Tiefe aufbauen und wird dies nicht verhindern können, allerdings würde er dann bei einem 5-stufigen Unilevelplan ab der sechsten Ebene nicht mehr partizipieren.

Die folgende Abbildung stellt diese Situation noch einmal grafisch nach:

Unilevelplan auf 5 Generationen

Ebene	**Ausschüttung in Prozent**
1	10
2	10
3	10
4	10
5	10
6 und mehr	0

Vorteile eines Unilevelplanes

Das schöne beim Unilevelplan ist, dass er wohlgemerkt sehr einfach zu verstehen ist und somit Teampartnern nicht viel zur Funktionsweise erläutert werden muss.

Dieser Vergütungsplan ist auch besonders für schwache Networker geeignet, weil er, im Gegensatz zu einem Breakawayplan oder Binärvergütungsplan – später dazu noch ausführlich mehr -, immer eine Beteiligung an den direkten Teampartnern gewährt, d.h. selbst dann, wenn der neue Partner irgendwann denselben Umsatz oder gar mehr als sein Sponsor/Upline erzielt, erhält die Upline immer am Umsatz entsprechend eine faire Vergütung. Ein überholen bzw. einholen wie bei einem Breakawayplan ist hier also nicht möglich. Auch müssen nicht erst zwei Beine aufgebaut werden, wie es bei einem Binärvergütungsplan der Fall ist. Der Unilevelplan gilt daher oft im MLM als der fairste Plan aller Vergütungspläne überhaupt.

Nachteile eines Unilevelplanes

Der Nachteil bei einem Unilevelplan ist die begrenzte Ausschüttung, denn wenn ein Unilevelplan z.B. nur auf 5 Generationen vergütet, dann ist alles unterhalb der fünften Generation an Umsatz verloren – siehe obige Abbildung. Bei gar nur 4 Generationen ist alles sogar bereits unterhalb der vierten Ebene verloren usw..

Wer also „langfristig" ein großes Einkommen im Network-Marketing aufbauen möchte, ist durch die begrenzte Tiefenauszahlung wesentlich im Verdienst beschränkt. Daher ist es in der Theorie zwar möglich mit nur einem Partner zu verdienen, doch in der Praxis muss man dann eben auch hier für nennenswerte Ergebnisse breit aufbauen, da man eben nur begrenzt beteiligt wird.

Was Dynamic Compression ist und warum Du ohne viel Geld verlierst

Problematisch ist es, wenn ein Unilevel-Marketingplan keine Dynamic Compression einsetzt, denn dann kann folgendes passieren: Wenn bspw. jeweils ein Partner in der 2ten und 3ten Ebene inaktiv wird, dann belegen diese 2 Partner jeweils eine Position, an der der Sponsor nicht vergütet wird. Bei nur 2 Partnern ist das nicht weiter gravierend, doch wenn später hunderte inaktive Partner die Position besetzen, dann verstopfen diese – inaktiven Leute – die Vergütung des Sponsors dramatisch. Die Partizipation sinkt also in der Tiefe.

Fair wäre es dementsprechend, wenn diese inaktiven Personen, durch die darunter stehenden Partner, nach oben auf diese Position nachrücken und diese besetzen würden und genau dieses Prinzip nennt sich Dynamic Compression. Immer wenn also Positionen erkalten, rückt der nächst tiefere aktive Partner auf diese inaktive bzw. erloschene Position vor.

So werden Lücken geschlossen und der Sponsor nicht in der Tiefenbezahlung – welche ja schon so zur Genüge begrenzt ist – weiter beschnitten.

Besonders bei einer späteren Strukturgröße von mehreren hunderten oder gar tausenden Networkern in der Orga kann ohne Dynamic Compression ein gewaltiges Minus entstehen.

Mein Tipp daher: Wenn Du in einem Unilevel-Marketingplan arbeiten möchtest achte immer darauf das eine Dynamic Compression angewendet wird.

Moderne Unilevelpläne

Bei modernen Unilevelplänen wird der Nachteil der eingeschränkten Ebenbeteiligung zudem durch einen sogenannten Infinitybonus bzw. Tiefenbonus beseitigt. So erhalten Teampartner in die unendliche Tiefe eine Beteiligung von z.B. 1 bis 3%. Allerdings, muss dafür generell ein bestimmter Umsatz erreicht werden, da es sich um einen „Bonus“ handelt, d.h. sich durch Leistung erst diese zusätzliche Partizipationsmöglichkeit erarbeitet werden.

Zudem werden moderne Unilevelpläne manchmal durch eine Art Weltumsatzbeteiligungs-Bonus in der Attraktivität erweitert. So dass man sich bspw. je nach erzielten Strukturumsatz prozentual an einem gesonderten Gesamtpool beteiligen kann. Beispiel: Firma xy schüttet 1% des Umsatzes in einen Führungskräftepool aus. Wer z.B.

mindestens 100 aktive Erstlinien aufgebaut hat erhält einen Anteil an allen qualifizierten Partnern.
Umso schwerer die Anforderungen sind um diese Pools zu erreichen umso höher tendenziell auch die Ausschüttung. Ein Unternehmen welches bspw. einen jährlichen Umsatz von 100 Millionen Euro erwirtschaftet und 1 Million in diesen Pool ausschütten würde, und wenn nur 10 Partner im Unternehmen sich dafür qualifiziert hätten, würde dies je Partner Extraeinnahmen von 100.000 Euro im Jahr bedeuten.

Wenn diese Pools hingegen zu einfach zu erreichen sind, machen diese Anreize kaum Sinn. Nehmen wir im obigen Beispiel an 1.000 Partner würden sich dafür qualifizieren wären dies lediglich 1.000 Euro – 1 Million/1.000 Partner = 1.000 Euro - im Jahr Extravergütung.

3.2 Matrixplan

Der Matrixplan ist an sich nicht mehr als ein Unilevelplan. Er ist von allen Vergütungsplänen derjenige der (bisher) am seltensten bei MLM-Firmen eingesetzt wird. Warum dies durchaus gute Gründe hat, wirst Du ebenfalls in diesem Kapitel erfahren.

Doch was unterscheidet den Matrixvergütungsplan nun vom Unilevelvergütungsplan? Grundsätzlich gibt es nur einen und zugleich entscheidenden Unterschied: der **Matrixplan ist zusätzlich in der Breite begrenzt**! D.h. neben der Tiefenbegrenzung – wie es ja bereits beim Unilevelvergütungsplan der Fall ist – gibt es **auch noch eine Einschränkung der maximal möglichen einzuschreibenden Partner auf der 1. Linie, also der direkten Generation**.

Zur Funktionsweise

In der Praxis kann man also lediglich begrenzt Erstlinien aufbauen. Dadurch ist gleichzeitig das Gesamteinkommen – aufgrund der im Vorhinein eingeschränkten Teampartnerzahl in der Struktur – ebenso gedeckelt.

Im Übrigen ist der Matrixplan der **einzige Vergütungsplan**, wo der Networker – zumindest theoretisch – **dank Spillover ganz ohne eigene Leistung Provisionen generieren** kann. Bei einem Binärvergütungsplan hingegen gibt es zwar auch die Möglichkeit auf Spillover, jedoch muss hier mindestens immer ein zweites Bein alleine aufgebaut werden.

Matrixpläne gibt es bspw. in der Form 2-er Matrix, 3-er Matrix, 4-er Matrix oder 5-er Matrix. So können bei einer 2-er Matrix bspw. nur jeweils 2 Partner direkt gesponsert werden, bei einer 3-er Matrix sind wiederum maximal drei direkte Partner möglich. Alle weiteren Partner erfolgen dann auf der nächsten Ebene, bis diese voll ist usw.. Bedeutet bei z.B. einer 2-er Matrix, das auf der nächsten Ebene nur vier Plätze frei sind, auf der folgenden Generation acht weitere Plätze, dann 16 usw..

Wenn also beispielsweise ein 2-er Matrixplan 5 Ebenen hätte wäre es nur möglich maximal 62 Partner in die Struktur einzuschreiben – 2 + 4 + 8 + 16 + 32 = 62. Dazu ergänzend die untere grafische Abbildung:

2-er Matrix auf 5 Generationen

Ebene	**Partner maximale Besetzung**
1	2
2	4
3	8
4	16
5	32
6 und mehr	0

Durch diese Problematik der extremen Einkommensbegrenzung sind Matrixvergütungspläne oft in der Ausschüttung sehr tief angelegt, welches allerdings dann wiederum dazu führt, dass die prozentuale Beteiligung je Ebene sehr gering ist.

Vorteile eines Matrixplanes

Der Vorteil eines Matrixplanes liegt in der eventuellen zusätzlichen Unterstützung durch Spillover und daraus möglicherweise gestärkten Motivation. Des Weiteren hat – zumindest theoretisch – sogar der Networker eine Chance langfristig auch ohne eigenes sponsern ein Team aufzubauen und so auch inaktiv zu verdienen. Ich persönlich habe allerdings in über zehn Jahren Network-Marketing bisher keine einzige Person kennengelernt welche allein durch Spillover erfolgreich wurde, geschweige ein hauptberufliches Einkommen aufbauen konnte.

Nachteile eines Matrixplanes

Die theoretischen Vorteile eines Matrixplanes sind zugleich seine große Schwäche und wohl auch der Grund warum bisher keine mir bekannte MLM-Firma und Vertriebspartner sich mit diesem Vergütungsplan langfristig erfolgreich durchsetzen konnte. **Denn gerade durch die Hoffnung auf Spillover zieht dieser Vergütungsplan vor allem sehr schwache Partner an bzw. Leute welche nicht ernsthaft bereit sind für Erfolg das Nötige zu tun.**

Nicht selten schreiben sich so hunderte Networker in kurzer Zeit in ein Unternehmen ein und es entsteht geradezu ein Hype. Alle hoffen dann nach dem Einschreiben mit nichts tun das große Geld zu machen. Ist es also tatsächlich ein Wunder das sich dieser Vergütungsplan bisher nicht behaupten konnte?

Wohl gemerkt, mir persönlich ist bisher keine Firma in dieser Branche bekannt welche sich länger als 10 Jahre mit einem Matrixplan auf dem Markt erfolgreich positionieren konnte. Ebenso gibt es keine Networker welche zu den Topverdienern der MLM-Branche zählen und dabei einen Matrixplan einsetzen würden. Dieses liegt zu einem wohl darin begründet, das – wie bereits erwähnt – sich keine MLM-Firma lange genug mit dieser Vergütungsform halten konnte um größere Strukturen zu entwickeln und zum anderen wohl auch schlicht daran weil das Einkommen bei einem Matrixplan, aufgrund der eingeschränkten Breite, stark begrenzt ist.

Zu beobachten ist auch, dass **besonders unseriöse MLM-Firmen auffällig oft mit Matrixplänen zum Einstieg locken** und diesen nutzen um einen Hype zu produzieren und genauso rasch wieder, wie sie gekommen sind, vom Markt verschwinden.

Moderne Matrixpläne

Moderne Matrixpläne sind mir bisher leider nicht bekannt. Eventuell ist auch hier eine Möglichkeit die eines zusätzlichen Infinitybonus – wie er teilweise bei Unilevelplänen angewendet wird – zuzuschalten oder aber auch die Möglichkeit eines zusätzlichen Matchingbonus – mehr dazu später im Kapitel Binärvergütungsplan – wäre durchaus denkbar.

3.3 Breakawayplan

Der Breakawayplan zahlt, im Gegensatz zum Unilevelvergütungsplan und Matrixplan, auf bis zur unendlichen Tiefe aus und ist dabei gleichzeitig, wie ein Unilevelplan, nicht in der Breite begrenzt. Dadurch zieht diese Art der Vergütung insbesondere Führungskräfte und Macher an, denn durch diese **unbegrenzte Tiefen- und Breitenvergütung ist auch der Einkommenshebel besonders hoch.**

Schon gewusst? Der Breakwayplan, auch als **Stufenplan** oder als **Differenzplan** bekannt, wird in den meisten MLM-Firmen eingesetzt und konnte gleichzeitig die meisten Einkommens-Millionäre in dieser Branche kreieren.

Ebenso wirst Du feststellen das nahezu alle Network-Marketing-Unternehmen mit einem Jahresumsatz von über eine Milliarde USD diese Vergütungsform einsetzen.

Funktionsweise

Der Breakawayplan wird nicht von ungefähr oft Stufenplan genannt, denn je nach Qualifikation – meistens nach Umsatz – erreicht man unterschiedliche Stufen auf der Karriereleiter. So könnte z.B. die 1. Stufe als „Starter" oder „Vertriebsassistent" bezeichnet werden und z.B. mit 20% vergütet werden. Die nächst höhere Stufe könnte dann bspw. „Bronze" lauten oder „Berater" und mit 25% - also 5% mehr – vergütet werden. Die dritte Stufe nach Bronze könnte z.B. Silber lauten und mit 30% vergütet werden. Danach ggf. die Stufe „Gold" mit 35% Vergütung usw..

Wenn also z.B. jemand die Stufe Gold (35%) erreicht und eine direkte Linie wäre Berater (25%) und diese Linie würde insgesamt 10.000 Euro Umsatz generieren, dann wäre die Differenz 1.000 Euro Provision

– Minus 10% Differenz auf 10.000 Euro.

Bei wiederum der Position Gold (35%) zur Linie Starter (20%) wären es bei 10.000 Euro Umsatz 1.500 Euro Provision – Minus 15% Differenz auf 10.000 Euro.

Wie erreicht man die höhere Position? Generell erhöht sich die eigene Position durch den Gesamtumsatz der in der MLM-Orga erzielt wird. Wenn der Vertriebspartner mit seinem Umsatz wächst erreicht er also auch so generell Schritt-für-Schritt die nächsten Stufen im Karriereplan. **Je fleißiger und je länger er dabei durchhält, umso mehr wird er belohnt, weil er dadurch seine Differenzen sukzessive erhöhen kann.**

Vorteile des Breakawayplanes

Der Breakawayplan ist ein sehr leistungsbezogener Vergütungsplan und lockt auch deshalb generell besonders Führungskräfte an, da die Möglichkeit besteht durch eigene Leistung immer weitere Stufen aufzusteigen und so das Einkommen maßgeblich selber mitzubestimmen.

Zudem bezahlt der Breakawayvergütungsplan wohlgemerkt **bis zur unendlichen Ebene aus,** wodurch der Einkommens-Hebel ins unendliche reicht, **also perspektivisch besonders viel verdient werden kann.**

Dadurch das mit der Zeit immer weitere Stufen im Karriereplan erklommen werden und somit indirekt Durchhaltevermögen und Loyalität besonders honoriert wird, weil die Differenzen sukzessive steigen, führt dies auch zu zusätzlicher **Stabilität**.

Aufgrund der unendlichen Vergütung in der Tiefe, ist auch die Bereitschaft **Team-Partner in der gesamten Orga zu unterstützen** besonders hoch, d.h. egal ob jemand auf der zweiten oder der hundertsten Generation dazukommt, eben weil die jeweilige Führungskraft weiß, dass sie auch an den Erfolgen auf unterster Ebene noch mitpartizipiert.

Bei hingegen einem Unilevelvergütungsplan oder Matrixvergütungsplan ist dieses Interesse generell ab einer bestimmten Tiefe in der Struktur nicht mehr gegeben, da der Partner dann eben oft nicht mehr partizipiert, also seine Unterstützung nicht mehr finanziell honoriert wird.

Auch für den **Direktvertrieb ist der Vergütungsplan besonders attraktiv**. Wodurch auch Verkäufer diesen Network-Marketingplan bevorzugen. Warum? Je länger und fleißiger jemand aktiv ist umso höher werden seine Abschlussprovisionen. Somit kann sowohl durch Eigen- als auch Teamleistung die Provisionshöhe kontinuierlich gesteigert werden.

Obiges Beispiel: Bei „Starter“ (20%) und einem Direktkundenumsatz von 100 Euro wäre die Provision 20 Euro. Bei der Stufe „Gold“ (35%) bereits bei 35 Euro, also plus 75 Prozent.

Nachteile des Breakawayplanes

Der Nachteil ist, dass der Differenzplan bei Stufengleichheit keine Differenzen abbildet und somit der Partner keine Differenzprovisionen erhält. So kann es bspw. Sein, das ein Networker einen Partner ins Geschäft bringt und ihn erfolgreich coacht er aber trotzdem irgendwann nicht mehr daran partizipiert, da er schlichtweg mit dem Sponsor auf dieselbe Stufe nachzieht bzw. ihn sogar überholen kann. Der Sponsor erhält somit keine Differenzprovisionen mehr bzw. finanziellen Anspruch auf seine direkte Empfehlung. Diese Tatsache hat schon oft in der MLM-Szene zu unnötigen Streitigkeiten geführt.

Aber auch wenn ein Partner (erst) wenige Erstlinien gesponsert hat und z.B. aus nur ein bis zwei direkten Linien Umsatz generiert wird, welche sich nur wenige Stufen unter seiner eigenen Position befinden, sorgt dies dann generell für nur kleine Margen, durch kleine Differenzen.

Moderne Breakawaypläne

Bei modernen Breakawayplänen wird dieser Nachteil des möglichen Nullanspruches – zumindest teilweise - beseitigt, indem Firmen z.B. einen Unilevel-Marketingplan dazuschalten oder indem sie eine Umsatzbeteiligung, auch Weltumsatzbeteiligung genannt, beifügen. Oft ist es dann bspw. so, dass jeder Partner der die höchste Stufe im Marketingplan erreicht – nicht selten auch bereits einige Positionen darunter – und einen Partner ebenfalls auf die höchste Stufe nachzieht, dann pro Nachziehung einen Pool am Weltumsatz des MLM-Unternehmens generiert.

Immer häufiger werden auch zusätzlich Führungskräfte-Differenzen eingesetzt, so dass bei einem Nachziehen des Partners auf selbe Stufe oder höher eine weitere Differenz dazugeschaltet wird. Beispiel: Wer sich für die Stufe „Gold“ qualifiziert und einen Partner „Gold“ nachzieht erhält 3% Super-Differenz auf den gesamten Umsatz der Linie.

Allerdings, gibt es dann auch dabei generell Einschränkungen, wie z.B. maximal auf drei weitere „Gold“-Partner in der Tiefe. In diesem Fall würden also ab dem vierten Partner „Gold" einer Linie keine 3% mehr Super-Differenz vergütet werden.

Bei einem gut ausbalancierten Differenz-Vergütungsplan wirst Du zudem feststellen, dass die höchste Stufe des Karriereplanes nur jeweils eine Hand voll an Partnern der Firma innehaben. Dies ist auch wichtig, denn wenn „alle" zu einfach die höchste Stufe erreichen würden, wäre der Plan nicht mehr attraktiv.

Als Networker solltest Du natürlich für Deine Partner **stets ein gutes Vorbild sein** und so idealerweise selbst einer der Besten und somit generell so oder so immer einige Stufen weiter und **dadurch bis zur unendlichen Tiefe partizipieren**, wie es sonst im Network-Marketing nur noch (eingeschränkt) in einem Binärvergütungsplan – mehr dazu gleich - möglich ist.

Übrigens, **selbst wenn Dich jemand tatsächlich überholen sollte, hat dies indirekt den Vorteil, dass Dich dieser Partner schneller auf die weiteren Stufen mit nach oben zieht**, so dass Du dadurch wiederum perspektivisch größere Differenzen auf Deine anderen Linien erhältst und sich somit diese Einbußen auf die eine weggebrochene Empfehlungslinie generell – mehr oder weniger - ausgleichen.

Fazit

Der Breakawayplan ist der **mit Abstand bewährteste Vergütungsplan im Network-Marketing** und hat **nachweislich** sowohl die **meisten Großkonzerne, als auch Top-Networker** in der Branche **hervorgebracht**.

Egal ob Amway, Herbalife, FLP, viele bekannte Finanz- und Versicherungsunternehmen im Strukturvertrieb oder bekannte Networker wie z.B. Jürgen Liebig, Rolf Kipp, Max Schwarz, Gabi Steiner, sie alle wurden mit diesem MLM-Vergütungsplan erfolgreich.

Wer also große Ziele im Multi-Level-Marketing verfolgt und zugleich auf Stabilität Wert legt, der trifft mit dem Differenzplan ohne Zweifel eine weise Entscheidung.

3.4 Binärvergütungsplan

Der Binärplan ist der neuartigste Vergütungsplan aller gängigen MLM-Pläne. Doch ist er deshalb auch automatisch der Beste Vergütungsplan?

In den Anfangsjahren sind leider auffällig viele Firmen mit einem Binärvergütungsplan insolvent gegangen oder schlicht auf dem Markt gescheitert, sodass viele Vertriebspartner enttäuscht wurden. Wobei wohl einer der Gründe und Fehler der Firmen in der ersten Zeit darin lag, dass es noch keine Provisionsbegrenzungen gab.

Auch heute noch scheitern leider auffällig viele Network-Marketing-Firmen, im Vergleich zum Unilevel- und Breakawayvergütungsplan, mit dieser Vergütungsform. Allerdings, mittlerweile existieren immerhin einige MLM-Firmen welche sich nicht nur für wenige Jahre, sondern auch schon jenseits eines Jahrzehnts mit dem Binärvergütungsplan behaupten konnten.

Trotz allem muss man fairerweise sagen, dass sich dieser Vergütungsplan erst **noch beweisen muss**, da sich momentan **erst eine Handvoll Firmen damit seit einer längeren Zeit am Markt** befinden.

Eines steht fest, viele Topverdiener der MLM-Branche stammen mittlerweile, nach den Breakawayplänen, aus Firmen welche Binärpläne einsetzen. Nicht verwunderlich, da auch dieser **Vergütungsplan auf bis zur unendlichen Tiefe auszahlt** und somit ebenso einen, wie beim Breakawayplan, extrem langen Einkommenshebel ermöglicht.

Hinweis: Das maximale Einkommenspotential ist bei Vergütungsplänen immer dann gegeben, wenn in bis zur unendlichen Tiefe ausgezahlt wird, daher maximaler Hebel.

In der Breite ist der Binärvergütungsplan zwar ebenso wie der Matrixplan begrenzt, doch da er in der Tiefe hingegen nicht beschränkt ist, hat dies keinen finanziellen Nachteil.

Zur Funktionsweise

Bei Binärplänen baut man zwei Teams auf, eines auf der linken Seite und ein Team auf der rechten Seite. Wobei **nur maximal zwei direkte Positionen besetzt werden können**, d.h. alle anderen Teampartner werden jeweils darunter platziert. Oft nennt man ein Bein davon **Payleg** und das andere Bein **Powerleg**.

Das Powerleg ist das so genannte Bein welches den Punkteüberhang – darauf gehe ich gleich weiter ein – produziert und das Payleg ist das Bein welches den Zyklus vollendet.

Doch was ist überhaupt ein Zyklus? Ein Zyklus kann bspw. dann erfolgen wenn auf dem linken Bein 300 Punkte und auf dem rechten Bein 600 Punkte generiert werden, d.h. bei 900 Punkten erfolgt in diesem Fall ein erfolgreicher Umlauf und somit bspw. jeweils eine Auszahlung von 50 Euro.

Jedes MLM-Unternehmen hat dabei einen vordefinierten Schlüssel, also wie das Verhältnis jeweils je Bein und Punkte zueinander sein muss um erfolgreich einen Zyklus zu durchlaufen und wie hoch dabei die Auszahlung je Durchlauf ist. Manche handhaben es auch so, dass bspw. einfach auf das schwächere Bein jeweils 5% oder 10% etc. des generierten Umsatzes aus diesem Bein an Provision ausgezahlt werden.

Oft wird dabei je nach Einstiegspaket des Teampartners oder/und Erreichung eines Rankings die jeweilige Zyklusauszahlung angepasst. Wenn also z.B. ein neuer Teampartner mit einem Paket xy für 100 Euro, oft Starterkit genannt, beginnt, erhält er womöglich 50 Euro je Zyklus. Während ein Teampartner welcher mit einem Paket xy für 500 Euro startet, womöglich 70 Euro je Zyklus erhält usw.. Manche Firmen handhaben es aber auch so, dass je nachdem statt bspw. 5% auf das schwächere Bein, dieser Umsatz dann je Qualifikation immer weiter steigt, bis z.B. Maximum 20%.

Dieses auf Positionen einkaufen ist im Network-Marketing oft umstritten, aber im Binärvergütungsplan sehr verbreitet. Allerdings ist dies kein Alleinstellungsmerkmal, da dieses auf Positionen einkaufen auch bei den anderen MLM-Vergütungsplänen teilweise angewendet wird. Bei einem Unilevelplan z.B. oft mit dem Anreiz bei höheren Paketen tiefer vergütet zu werden.

Die Punkte stellen eine Verrechnungseinheit für den jeweiligen Umsatz da. So könnten bspw. 900 Euro Umsatz 900 Punkte entsprechen oder 1.000 Euro Umsatz 500 Punkte usw. – dies ist je nach MLM-Firma verschieden festgelegt. Häufig ist es Gang und Gebe, dass die Punkte einfach eins zu eins an eine Währung, meistens in Dollar oder Euro, angelehnt sind.

Da es generell typisch bei Binärsystemen ist, dass die Ausschüttung bei den zwei direkten Linien zur 1/3 Regelung auf das jeweils schwächste Bein erfolgt, wird zuerst ein Powerleg aufgebaut. Sobald sich ein gewisser Punkteüberhang und Eigendynamik einstellt, d.h. das Bein ohne weiteres dazu sponsern der Upline – mehr oder weniger - von alleine wächst, werden Partner erst auf die andere Seite platziert.

Man tut dies zu einem, da das Powerleg idealerweise immer schneller wachsen sollte als das Payleg – aufgrund der allgemeinen 1/3-Regelung – und zum anderen um sich immer voll auf jeweils ein Bein konzentrieren zu können. Gleichzeitig, um die Motivation im Team möglichst hoch zu halten. Denn bei einem Binärsystem **kann man wohlgemerkt jeweils nur 2 Partner direkt sponsern**, d.h. alle anderen Partner werden dadurch den bereits bestehenden ersten Partnern wiederum untergeordnet, wodurch ein so genannter **Spillover** entsteht.

Wer jetzt allerdings denkt er müsse nichts tun um Provisionen zu erzielen, der irrt, denn dieser **mögliche Spillover kann lediglich im Powerleg entstehen, d.h. um Geld aus der Struktur zu verdienen muss man (natürlich) auch in diesem Vergütungsplan sponsern.**

Vorteile

Der Vorteil eines Binärplanes ist zu einem die Tatsache das es eine **garantierte Vergütung bis in die unendliche Tiefe** gibt. Bei einem **Breakawayplan** hingegen kann die Provisionszahlung in die unendliche Tiefe durch Stufengleichheit – zumindest vorübergehend - wegfallen.

Durch den möglichen **Spillover** können Networker zusätzlich **motiviert und unterstützt** werden, weil es bei einer engagierten **Upline** möglich ist durch deren Leistung **mitzupartizipieren.**

Last but not least, dieser Spillover ergibt auch oft Wettbewerbsvorteile zu anderen Vergütungsplänen ohne Spillover, nämlich u.a. dadurch, dass der Interessent theoretisch bei **jedem weiteren Tag an dem er mit seinem Einstieg wartet eventuellen Spillover verliert** und somit einen ggf. sehr guten Partner, der ihm sonst möglicherweise untergeordnet worden wäre. Dadurch lässt sich, ähnlich wie im klassischen Verkauf, mit Verknappung, ein gewisser zusätzlicher positiver Druck auf den potentiellen neuen Geschäftspartner erzeugen/ausüben. Der **Sponsor hat dementsprechend ein wertvolles zusätzliches Verkaufsargument,** welches so in anderen Vergütungsplänen – mit Ausnahme des Matrixvergütungsplanes - in der Regel, bezüglich der frühzeitigen Positionierung, nicht existiert.

Nachteile

Zu einem ist festzustellen, dass sich bei Binärplänen tendenziell **besonders viele Karteileichen** bzw. inaktive Networker eingliedern, da diese eben häufig mit dem Spillover geworben werden.

Des Weiteren werden, ebenso ähnlich wie bei Matrixvergütungsplänen, dadurch **oft fragwürdige Produkte umgesetzt**, welche es in einem anderen klassischen MLM-Vergütungsplan, ohne die Verlockung Spillover, wohl nie auf solche Umsatzgröße geschafft hätten. Die **Gefahr eines** so genannten **Hypes** ist daher in Binärplänen tendenziell **besonders groß**.

Für einen Networkeinsteiger lässt sich somit auch nur sehr schwer ermitteln ob der rasante Umsatzanstieg der Firma durch echte Produktnachfrage entstanden ist oder lediglich aufgrund der besonderen Dynamik dieses Vergütungsplanes.

Der motivierende Spillover kann zudem schnell in eine Gegenbewegung schlagen. Bei verlangsamtem Wachstum sinkt sukzessive die Motivation aufgrund der ausbleibenden Unterstützung von oben. Wodurch eine Art **Teufelskreislauf in der Demotivation** entstehen kann.

Ein weiterer Nachteil des Binärplanes ist die Tatsache, dass das Einkommen bzw. die **Provisionshöhe begrenzt** ist – oft ist das wöchentliche max. Einkommen auf 25.000 Dollar festgesetzt. Was natürlich so oder so nur die wenigsten jemals erreichen werden, aber es kann eben dadurch auch die ein oder andere hoch engagierte Person, also tendenzielle Führungskräfte, abschrecken, welche sich ungern von vorneweg einschränken lassen mag.

Des Weiteren ist ein Nachteil bei Binärplänen, dass man **mindestens auf zwei Seiten ein Team aufbauen** muss um zu verdienen, d.h. wer nur auf einer Seite ein starkes Team generiert, verdient nichts, da er eben auf der zweiten Seite ebenfalls Punkte benötigt, um erfolgreich einen Zyklus zu generieren. Bedeutet, selbst wenn auf einem Bein über eine Million Umsatz erzielt werden würde, verdient der Partner daran keinen einzigen Cent. Nur durch Spillover lässt sich also auch hier kein Geld verdienen, auch wenn viele (unseriöse) Networker damit werben.

Im Übrigen gibt es bei Binärvergütungsplänen **verhältnismäßig oft zoff und unnötige Reibereien mit dem Sponsor**, denn jeder Networker möchte natürlich gerne in das stärkere Bein eingeschrieben werden und nicht in das eventuell schwächere Bein (Payleg). Merkt dann doch jemand das er eventuell im schwächeren Bein eingegliedert wurde, fühlt sich der Gesponserte oft benachteiligt.

Auch die Tatsache, dass eben oft bei Binärplänen mit Spillover geworben wird, führt oft dazu das sich Einsteiger nicht bei demjenigen einschreiben von dem sie auf das Business aufmerksam gemacht wurden, sondern es werden sich häufig starke Uplines gesucht, in der Hoffnung so besonders vom Spillover zu profitieren. Für starke Rekrutierer ist dies grundsätzlich ein Vorteil. Für schwache Rekrutierer hingegen, umso mehr ein Nachteil, da sich eben Personen welche

Binärsysteme kennen nur ungern bei einem schwachen Sponsor einschreiben werden, von dem sie kaum Spillover erwarten können.

Moderne Binärpläne

Bei den neuartigsten Binärplänen wurden einige Schwächen teilweise beseitigt. So gibt es bspw. bei nahezu allen neuen MLM-Firmen, welche Binärpläne einsetzen, zusätzlich den so genannten **Matchingbonus**. Der Matchingbonus ist eine Art zugeschalteter **Unilevelplan**, der auf die ersten 2 bis 3 Generationen (teilweise auch darüber hinaus) ergänzend zum Binär-Zyklus vergütet. Mit dem Unterschied, dass der Sponsor dabei – im Gegensatz zu einem herkömmlichen Unilevelplan – eine prozentuale Beteiligung erhält, die sein direkter Teampartner/Firstline an Provision durch den Binärplan erwirtschaftet.

Dieser zusätzliche Matchingbonus wird generell nach Leistung dazugeschaltet, also bspw. je nach Umsatz oder direkter Sponsorleistung. Bei einigen MLM-Firmen gibt es den Matchingbonus sogar ab Beginn und ohne Qualifikation.

Hier ein einfaches Beispiel wie der Matchingbonus funktioniert: Klaus wirbt direkt Sabine und Sabine erzielt durch den Binärplan 1.000 Euro an Zyklen-Provision. Wäre der Matchingbonus 20% auf die 1. Ebene, würde Klaus nun zusätzlich 200 Dollar durch den Matchingbonus erzielen.

Durch den Matchingbonus hat der Networker also zu einem die Möglichkeit **sofort Einkommen ohne zweites Bein/Payleg zu generieren**. Zum anderen gibt es hierdurch **keine Einkommensbegrenzung**, da, neben dem Binärplan und der damit verbundenen begrenzten Zyklenauszahlung, nun die zusätzliche Vergütung aus dem Matchingbonus erfolgt.

Fazit

Der Binärplan weist eine **hohe Dynamik** auf, allerdings sind auch **extrem viele Firmen mit einem Binärvergütungsplan gescheitert** und bisher nur sehr wenige Unternehmen konnten den Zeitraum über ein Jahrzehnt erreichen, geschweige jenseits dieses Zeitraumes stabil wachsen, so dass es **aktuell noch fraglich ist ob dieser Vergütungsplan auch „langfristig" funktionieren kann.**

Wer ein „langfristiges" stabiles Network-Marketing-Geschäft aufbauen möchte, sollte sich dieses hohen **Risikos bewusst sein**. Mir persönlich wäre die Ausfallwahrscheinlichkeit zu hoch. Auch hatte mich damals immer **genervt, wenn Teampartner mich fragten ob ich sie nun ins Payleg oder Powerleg** eingeschrieben habe. Zudem fühlte ich mich immer irgendwie beobachtet, da ja immer eine Seite Spillover erhält. Ich möchte schon selbst meine Geschwindigkeit beim Sponsern bestimmen und nicht indirekten Druck erhalten - auch wenn dies bei einigen, ohne Wenn und Aber, zu durchaus mehr Leistung führen kann.

4. Welcher Vergütungsplan ist „langfristig“ der Beste im Network-Marketing?

Um es gleich vorweg zu sagen, der Vergütungsplan wird im Network-Marketing oft weit überbewertet. Verstehe mich bitte nicht falsch, natürlich ist es wichtig das der Network-Marketingplan „langfristig“ funktioniert, doch wenn ich sehe wie lange Neueinsteiger manchmal Zeit damit verbringen die Vergütung bis ins kleinste Detail zu durchleuchten, dann führt dies den Partner keinen Millimeter weiter im Aufbau seines Passives Einkommens.

Viel wichtiger ist in 1. Linie immer ein **Produkt mit echtem Endkundenpotential.** Trotzdem lohnt es sich bei der Wahl des MLM-Unternehmens etwas genauer auf den Vergütungsplan zu achten. Wohlgemerkt, die Betonung liegt auf „etwas“, alles andere ergibt sich mit der Zeit „learning by doing“. So habe ich z.B. sowohl den Breakawayvergütungsplan, als auch den Binärvergütungsplan, damals erst durch meine geschäftliche Aktivität verstanden. Rückwirkend ärgerte ich mich darüber, vorab so viel Nerven und Zeit ins studieren der Vergütung investiert zu haben.

Der **Unilevel-Vergütungsplan** ist an sich **zu Beginn eindeutig am fairsten**, denn im Gegensatz zu einem Binärplan benötigt es nicht erst zwei Beine und es gibt keinen toten Umsatz. Auch muss man sich, entgegen zu einem Breakawayplan, nicht erst für die zweite Stufe qualifizieren um Differenzprovisionen auf sein Team zu erhalten.

Weiterer Vorteil, dass der **Unilevelplan am einfachsten und somit verständlichsten** ist, wodurch sich wiederum nur wenige offene Fragen von (potentiellen) Partnern ergeben.
Allerdings, wurde mir hier in der Praxis relativ schnell klar, dass dieser an sich so faire Vergütungsplan zu Beginn, **umso unfairer wird je länger man im jeweiligen Network-Marketing dabei ist**. Warum?

Das extrem ärgerliche am Unilevelvergütungsplan

Du erhältst leider generell immer nur eine Provision bis auf eine bestimmte Tiefe, d.h. je weiter Dein Team sich in der Tiefe verzweigt umso weniger wirst Du prozentual daran beteiligt.

Noch schlimmer ist es im Übrigen in einem Matrixvergütungsplan. An sich ist es nicht mehr als ein Unilevelvergütungsplan *welcher – neben der Tiefe – auch in der Breite begrenzt ist. Somit hat man in einem Matrixvergütungsplan „langfristig" nicht mal die Möglichkeit durch Sponsoring in der Breite das Einkommen zu steigern!*

Ich persönlich würde daher generell niemals wieder in einem Network-Marketing-Unternehmen einen Unilevelvergütungsplan und schon gar nicht einen Matrixvergütungsplan wählen. Denn „langfristig" sind die Einkommensmöglichkeiten durch die Begrenzungen stark eingeschränkt! Und da „langfristig" der Umsatz vor allem in der Tiefe entsteht sollte man meines Erachtens gleich **ab Beginn einen Vergütungsplan wählen der Kontinuität und Duplikation bis zur unendlichen Tiefe belohnt. So hat man auch als Sponsor eine Motivation wirklich alle Partner – egal auf welcher Ebene – zu unterstützen.**

Ausnahme: Ein moderner Unilevelplan hingegen mit „Infinitybonus", also einem zusätzlichen Tiefenbonus bis zur unendlichen Ebene, kann auch „langfristig" viel Potential bieten. Allerdings, sollte dabei beachtet werden, da es sich ja generell „nur" um einen Bonus handelt, wie schwer oder einfach diese Tiefenbeteiligung erreicht werden kann.

Welchen Vergütungsplan ich bevorzuge und warum

Für mich persönlich gibt es daher generell nur zwei lukrative Vergütungspläne, dies ist der Breakawayplan – auch oft Stufenplan oder Differenzplan genannt – und der Binärvergütungsplan. Warum? **Weil diese in der Tiefe keine Begrenzungen haben und somit maximale Duplikation und Unterstützung belobigen und zugleich einen schier unendliche Hebelwirkung ermöglichen.**

Allerdings, ist mein eindeutiger Lieblingsvergütungsplan der „Breakawayplan". Dies aus gleich vier hauptsächlichen Gründen:

1. Seit Jahrzehnten bewährt,

2. Die meisten Multi-Milliarden-Network-Marketing-Unternehmen arbeiten, mit Abstand, erfolgreich mit diesem Vergütungsplan,

3. Führungskräfte haben einen maximalen Anreiz, da bis zur unendlichen Tiefe in der Struktur vergütet wird und gleichzeitig keine Deckelung der Provisionen existiert – Binärvergütungsplan hingegen Deckelung, sowie indirekt der Matrixvergütungsplan, aufgrund der begrenzten Positionen,

4. Loyalität wird besonders attraktiv, durch sukzessive steigende Differenz-Provisionen, belohnt, was wiederum für zusätzliche Stabilität sorgt, denn eine einmal lukrative erarbeitete Position im Vergütungsplan wird generell nicht so einfach verschenkt wie im Vergleich zu den anderen Vergütungsplänen

Ich möchte vor allem auf den letzten Punkt zu sprechen kommen. Bei einem Breakawayplan kann man sich **durch Fleiß eine sukzessive steigende Differenzprovision auf seine Teampartner erarbeiten.** Meistens funktioniert das nach Umsatz oder Anbindungen. Somit ist man als engagierter Networker ganz besonders motiviert. Da man eben nicht nur mit Fleiß weitere Partner gewinnen kann, sondern so gleichzeitig sukzessive an seiner Karriere-Position bastelt.

Eine **erhöhte Position kann somit selbst bei gleichem Umsatz – aus der gesamten Struktur – ein erhöhtes Einkommen ermöglichen.** Ein guter Grund also immer die nächst höhere Position anzupeilen!

Zum Vergleich: Bei anderen MLM-Vergütungsplänen gibt es hingegen meistens lediglich durch Bonusse zusätzliche Vorteile, wie z.B. bei einem Binärsystem oft zusätzliche Vergütungen aus dem Matchingbonus oder bei einem Unilevelplan, oft zusätzliche Vergütungen durch weitere Beteiligung auf die Tiefe, bis ggf. Infinitybonus.

Kein Vergütungsplan ist perfekt

Trotz dieser Vorteile hat wohlgemerkt jeder Vergütungsplan jeweils seine Stärken und Schwächen, so dass man vor allem für sich selbst individuell entscheiden sollte was einen persönlich am besten gefällt.

Beim Unilevelvergütungsplan ist es, wie wir festgestellt haben, vor allem die begrenzte Tiefenvergütung. Bei einem Binärvergütungsplan sind hingegen die Einkommen begrenzt, z.B. bis zur dritten Rangqualifikation auf maximal 1.000 Euro im Monat limitiert, dann ab der vierten Rangqualifikation auf maximal 2.000 Euro usw.. In der höchsten Rangposition dann immerhin generell auf etwa 25.000 Euro in der Woche – einige wenige auch darüber hinaus. Viel ärgerlicher generell, dass es mindestens zwei aktive Linien benötigt und man immer nur auf das schwächere Bein eine Umsatzbeteiligung erhält. In einem Breakawayvergütungsplan wiederum muss erst mindestens eine Stufe erreicht werden um Differenzen und somit Provisionen auf sein Team erhalten zu können. Zudem können Differenzen auf Linien durchaus wegfallen, wenn jemand mindestens auf dieselbe Karrierestufe nachzieht. Den besten Vergütungsplan gibt es also nicht, auch wenn dies nahezu jede MLM-Firma gerne von sich behauptet.

Dies bedeutet auch, dass man sich **als Vertriebspartner bei der Wahl für einer der Vergütungspläne mit den jeweiligen Nachteilen arrangieren können muss**, denn man wird nie eine Vergütungsform finden wo man nicht irgendwo Abstriche macht. Wie sagt ein Sprichwort: „Nichts ist perfekt und alles hat jeweils seine Vor- wie auch Nachteile."

5. Kann man tatsächlich im MLM Millionär werden?

Network-Marketing ist so ziemlich die einzige realistische Chance, ohne besonderes Wissen, Glück, viel Kapital oder Vitamin-B, perspcktivisch Millionär werden zu können.

Wer sich ernsthaft die Frage stellt, wie man perspektivisch Millionär werden kann, der wird bei nahezu allen gängigen Karriere-Möglichkeiten schnell mit Ernüchterung feststellen, dass es jeweils besondere Voraussetzungen benötigt um viel Geld zu verdienen. Nur einige klassische Beispiele dazu wo man durchaus Millionär werden kann aber es leider jeweils nur sehr begrenzt in der eigenen Hand hat:

- Lotto,
- Manager,
- Sport,
- Autor,
- Schauspieler,
- Unternehmer

Schauen wir uns die klassischen bekannten Möglichkeiten Millionär zu werden mal etwas genauer an. Um im **Lotto** den Jackpot zu knacken, benötigt man schon extrem viel Glück, in etwa 1 zu 140.000.000 Lose zieht den Hauptgewinn. Klar, man kann zwar etwas mehr Lose kaufen und so sein Glück zusätzlich positiv beeinflussen, doch erhöht dieses die Erfolgswahrscheinlichkeit nur marginal. **Realistisch gesehen, wird man also immer viel mehr Geld im Glücksspiel ausgeben, als man gewinnt**, wenn man denn überhaupt mal etwas erhält.

Auch einige **Manager** werden Millionäre, so verdienen bspw. Dax-Vorstände bis zu zweistellige Millionenbezüge im Jahr. Doch um überhaupt eine solche Stelle zu bekommen benötigt es neben herausragender Bildung – vorzugsweise BWL-Studium einer Elite-Uni mit Doktortitel –, generell gute Beziehungen und dem Glück das eine Stelle gerade frei wird. Bedeutet im Klartext, **ähnlich wie im Lotto braucht es auch hier viel höhere Macht.**

Immerhin, kann hierbei das Glück durch eigene Kompetenz und Netzwerken wesentlich gesteigert werden, so dass es viel realistischer ist als Manager Millionär zu werden, als im Lotto auf sechs richtige zu tippen, denn die zusätzlichen Eintrittsbarrieren erhöhen die Erfolgsquote massiv.

Die Aussichten sind allerdings dennoch extrem gering, denn es gibt in der Wirtschaft nur wenige hoch dotierte Chefpositionen. Von der Belastung eines solchen Berufs ganz zu schweigen oder wer hat wirklich Spaß an 60 bis 80h Wochen?

Wie viel Glück man im **Sport** benötigt um in die Profiliga zu kommen, durfte ich quasi am eigenen Leibe erfahren, nämlich dann, wenn man alles gibt, doch der Körper irgendwann nein sagt.

Erstmal allerdings, ist es wichtig zu wissen, dass nur sehr wenige Sportarten überhaupt genügend zahlungskräftige Sponsoren aufweisen, um damit gutes Geld zu verdienen. Während bspw. ein Handballer in der 2. Bundesliga im Monat generell nur vierstellig Einnahmen erzielt, verdienen viele Fußballer bereits in derselben Liga fünfstellig.

In folgenden Sportarten ist es u.a. durchaus möglich bis zu mehrere Millionen Euro im Jahr zu erzielen:

- Fußball
- Formel-1
- Tennis

- Basketball – zumindest in den USA
- American Football – zumindest in den USA
- Baseball – zumindest in den USA
- Golf – zumindest in den USA
- Eishockey

Fairerweise muss dabei erwähnt werden, dass die meisten Sportarten generell lediglich für Männer hochdotierte Karrieren ermöglichen.

Doch auch wer in der richtigen Sportart ist, muss u.a. das Glück haben, dass der Körper durchhält. Es gab z.B. im Fußball schon etliche Top-Talente welche die Fußballschuhe bereits mit Beginn der Karriere wieder an den Nagel hängen mussten, weil sie entweder körperlich oder physisch kaputt waren.

Dem nicht genug muss ein Sportler erst mal entdeckt werden. Was kaum einer weiß, die Unterschiede der Fußballspieler bspw. von der 1. zur 3. Bundesliga sind oft marginal und selbst ein Thomas Müller spielte noch mit 20 Jahren in der 3. Liga, ehe er entdeckt wurde und die ersten Einwechselungen in die 1. Liga schaffte. Genauso gut hätte er also auch weiterhin unentdeckt bleiben können und vielleicht sogar die Motivation hätte verlieren und sich eher dem klassischen Berufsleben zuwenden können.

Sich also die Frage zu stellen wie wird man Millionär im Sport, sollte man generell nicht, sondern lieber Begeisterung für die Sportart entwickeln und dann kann man vielleicht irgendwann, mit etwas Glück, frühzeitig entdeckt und gefördert werden. Doch nur des Geldes wegen, wäre eine schlechte Motivation und würde wohl auch niemanden erfolgreich machen.

Dennoch gilt auch im Sport, weil auch hier Fleiß wesentlich die Erfolgsquote erhöht, dass das eigene Glück Millionär zu werden wesentlich mitbestimmt werden kann aber eben nur begrenzt. Können ist daher allein zwar zweifelsohne absolut wichtig und notwendig, aber halt noch lange keine Erfolgsgarantie.

Zudem sollte dabei nie vergessen werden, dass Sportlerkarrieren, auch wenn der Körper lange mitmacht, generell **schon ab Mitte dreißig vorbei sind, d.h. man dann schon Millionen verdient haben muss**, wenn man nach der Karriere in Rente möchte. Nicht jeder ist schließlich eine Claudia Pechstein, welche auch noch mit Ende vierzig auf Profiniveau mithält und im Übrigen „immerhin" um die etwa 50.000 Euro im Monat verdienen soll.[3]

Was viele dabei zudem nicht wissen, auch in der 1. Fußball-Bundesliga verdienen nicht viele so gut, als dass sie sich später einfach nach der Karriere zur Ruhe setzen könnten. Die meisten erhalten nur ein kleines sechsstelliges Jahreseinkommen und keine siebenstelligen, geschweige hohen achtstelligen bis neunstellige Jahresgehälter wie die absoluten Megastars - Cristiano Ronaldo und Lionel Messi verdienten z.B. allein im Jahr 2019 zwischen geschätzt 90 bis 122 Millionen Euro.[4]

Wie wird man also realistisch(er) Millionär? Vielleicht als **Autor**? Das es klappen kann beweist zum Beispiel die Buchautorin von Harry Potter Joanne K. Rowling. Sie lebte damals von Sozialhilfe und konnte seitdem ein Vermögen von mehreren hundert Millionen USD aufbauen[5]. Doch was nur wenige wissen: Ihr Buch Harry Potter wurde zu Beginn von allen Verlagen abgelehnt und sie war kurz davor aufzugeben. Nur ein unbekannter kleiner Verlag war bereit einige Exemplare zu drucken und dies war der Anfang vom Anfang dieser unglaublichen Geschichte.

---

[3] https://rp-online.de/sport/olympia-sommer/einkommen-was-unsere-olympia-helden-verdienen_iid-23682615#26

[4] https://www.vermoegenmagazin.de/lionel-messi-vermoegen-und-einkommen/

[5] https://de.wikipedia.org/wiki/Joanne_K._Rowling

Machen wir uns nichts vor, die meisten Menschen haben weder die Kreativität, noch Schreibwut um realistisch hauptberuflicher Autor zu werden. Und selbst dann, braucht es nicht unwesentlich Glück einen Verlag zu finden, wie u.a. eindrucksvoll das Beispiel Joanne K. Rowling belegt.

Auch wer soweit kommt und einen Verlag überzeugen konnte, hat bis dahin noch nichts erreicht. Denn nun muss die Story auch Leser interessieren, also einen Nerv treffen und mediale Aufmerksamkeit generieren. Der Erfolg von Harry Potter wurde bspw. vor allem erst durch die Mainstreammedien ermöglicht, welche über das Buch und die Geschichte berichteten und so eine gewaltige PR für das Buch betrieben. Und natürlich auch dank Hollywood und der Verfilmung, womit weitere Millionen USD Umsatz erzielt werden konnten.

Bedeutet, die Geschichte von Joanne K. Rowling stellt nahezu bisher eine absolute Ausnahmeerscheinung da. Alle anderen Autoren, welche Millionen durch Schreiben erzielen konnten, mussten generell erst viele, viele Bücher schreiben und eine Marke aufbauen, um dann erst mit der wachsenden Bekanntheit mehr und mehr Fans, also Stammleser, zu gewinnen.

Durch anschließend Verfilmung von Büchern können die Einnahmen wesentlich erhöht werden, so wie es ebenfalls bei Steven King der Fall ist, welcher ein geschätztes Vermögen von 368 Millionen Euro aufbauen[6] konnte und nach eigenen Angaben etwa täglich 2.000 Wörter schreibt.

Übrigens, auch Steven Kings Karriere hätte genauso gut scheitern können. Seinen ersten Roman „Carrie“, welcher ihn den Durchbruch ebnete, schmiss er in den Mülleimer und hätte seine Frau diesen nicht

---

[6] https://www.vermoegenmagazin.de/stephen-king-vermoegen/

zufälligerweise gefunden und herausgefischt und ihn ermuntert den Roman zu vollenden, wäre er wohl für immer Lehrer geblieben.

Wie kann man noch Millionär werden? Vielleicht als **Schauspieler**? Die Wahrheit ist, ja als Schauspieler kann man sehr reich werden, doch auch hier ist der eigene Einfluss darauf damit viel Einkommen zu erzielen sehr begrenzt, denn weniger das eigene Schauspieltalent ist entscheidend, als eher das man gerade als Typ gefragt ist.

Arnold Schwarzenegger z.B. ist wahrscheinlich einer der schlechtesten Schauspieler überhaupt und sagt nicht umsonst jeweils nur wenige Sätze in seinen Filmen. Warum wurde er trotzdem genommen? Weil er zu seiner Zeit bei bestimmten Produzenten der ideale Kandidat war, wie u.a. bei Conan der Barbar oder Terminator. Dennoch hat er dabei natürlich nicht unwesentlich sein Glück selber beeinflusst, indem er bspw. hart trainierte, ansonsten wäre es wohl nichts mit der Schauspielerei geworden. Denn, zumindest in der damaligen Zeit, als Fitness noch nicht so populär war, gab es nur relativ wenige welche Muskel gepackt mit Arnold Schwarzenegger mithalten konnten. Diese Eintrittsbarrieren für seine Gattung Film, wo er also gefragt war, hat er somit selber maßgeblich mitbestimmt.

Das Muskeln die Erfolgschancen in Hollywood bis heute durchaus wesentlich erhöhen können, beweist nicht zuletzt das Beispiel Dwayne Johnson.[7] Darüber hinaus, konnte auch seine Wrestling Karriere, mit dazu beitragen konnte die Erfolgswahrscheinlichkeit in der Filmindustrie zu steigern. So verwundert es nicht, dass einige Wrestler auch – mehr oder weniger – erfolgreiche Schauspieler sind.

[7] https://de.wikipedia.org/wiki/Dwayne_Johnson

Ebenso kann man natürlich als **Unternehmer** durchaus Millionär werden, so wie es bspw. Marc Zuckerberg, mehr als eindrucksvoll, bewiesen hat und mit bereits erst Mitte dreißig zweistelliger Multi-Milliardär wurde. Doch die bittere Wahrheit ist eben auch: **Die meisten Unternehmer scheitern und von 10 Start-Ups sind bereits nach 5 Jahren über 90 Prozent wieder vom Markt verschwunden**.

Die Wahrheit ist auch, dass die **meisten Unternehmen mehr und härter arbeiten als Angestellte und dennoch nur selten mehr verdienen.** Viele sind Sklaven ihres eigenen Unternehmens. Auch ist ein großes Problem das **extreme Risiko**, denn je nach Unternehmung werden viele tausende Euro investiert. Eine GmbH oder AG benötigt bspw. erst mal Minimum 25.000 Euro Eigenkapital.

Selbst einer der besten und erfolgreichsten bekannten Unternehmer dieses Planeten Steve Jobs ist erst kläglich gescheitert und Apple stand nach den ersten Erfolgen kurz danach vor der Insolvenz. Mittlerweile ist Apple einer der wertvollsten Konzerne dieser Erde. Auch dieses Beispiel zeigt, das es genauso gut hätte anders laufen können.

Halten wir also kurz fest: Nahezu alle **klassischen Möglichkeiten viel Geld zu verdienen benötigen erheblich Glück, Bildung, Vitamin-B, Kapital, Zeit,** so dass man das Ziel **Millionär zu werden nur gering in der eigenen Hand hat**.

Wie schaut es hingegen aus im Network-Marketing? Geschenkt wird einem definitiv auch hier nichts, doch es ist perspektivisch, meiner Meinung und Analyse nach, wesentlich einfacher – im Verhältnis zu den gängigen Alternativen - und zugleich wesentlich realistischer als alle anderen mir bekannten Methoden.

Die letzten Jahre durfte ich viele Multi-Millionäre im MLM kennen lernen, welche teilweise mehrere Millionen Euro dank dieses Geschäftes an Vermögen aufbauen konnten oder gar bis zu mehrere Millionen jährlich an Provisionen erzielen. Man kann also auch **im Network-Marketing Millionär werden und etwa genauso viel verdienen wie Supersportler, Hollywood-Stars, Top-Manager, Unternehmer, Top-Autoren, Top-Models, Musikstars** usw.. Der Unterschied ist aber im MLM, dass man für dieses Ziel **von wesentlich weniger äußeren Faktoren abhängig ist und somit viel mehr sein Glück in Richtung Millionär** selbst positiv beeinflussen kann.

Als ich damals meinen Traum Jet-Pilot zu werden beerdigen musste, habe ich mir eines geschworen: „Okay, Du bist weder Profifußballer geworden, noch Pilot. Doch Du hast alles dafür gegeben und kannst dieses Kapitel so mit guten Gewissen abschließen. Nun **wirst Du alles dafür geben mindestens Multi-Millionär zu werden und Du wirst diesmal einen Weg finden bei dem Dich niemand mehr aufhalten kann!**" Zugegeben, meine genauen Gedanken zu diesem Zeitpunkt weiß ich mittlerweile nicht mehr aber ich wusste zu diesem Zeitpunkt definitiv was ich wollte und welches Ziel mich nun erneut antreiben und motivieren würde.

Wie bei allen Dingen des Lebens war auch mein Einstieg im MLM nicht besonders ruhmreich. Viel schlimmer noch, konnte ich im 1. Jahr nicht mal einen einzigen müden Cent im Network-Marketing verdienen. Warum? Nun ich hatte keine Ahnung wie ich neue Teampartner/Kunden gewinnen konnte und da all meine Methoden weder Kunden noch Teampartner generierten, verdiente ich dementsprechend null Cent.

Doch aufgeben wollte ich nicht und ich sah es als Ex-Leistungssportler sportlich. Ich wusste genau, Network-Marketing funktioniert, denn ansonsten würde es weder Firmen in dieser Branche geben, noch

Networker welche von diesem Business leben können. Bereits nach 3 Jahren konnte ich erstmals vierstellig im Monat verdienen und dies neben dem Studium. Viel besser noch, ich **verdiente sogar schon während der Zeit auf der Hochschule teilweise mehr als wohl alle meine damaligen Professoren.**

Allerdings, machte ich damals einen großen Fehler, welchen ich erst viel später erkannte: Zwar wurde ich im Marketing immer besser und gewann so mehr und mehr Partner, doch meine Unternehmensentscheidungen waren nicht weise. Ich erkannte erst sehr spät, das **MLM-Firmen unter 5 Jahren ein viel zu großes Risiko darstellen um damit ein nachhaltiges Business aufzubauen und Stabilität ist im MLM mit Abstand so ziemlich das wichtigste, weil man zwingend genügend Zeit braucht** um zum einem die richtigen echten Geschäftspartner zu gewinnen und zum anderen um genügend Momentum aufzubauen.

Um genau zu sein ist der Schlüssel um im Multi-Level-Marketing perspektivisch Millionär zu werden: 1. Ein **System für kontinuierlich neue Teampartner**/Kunden, 2. eine **stabile Firma** und 3. **Zeit!!**

Im Folgenden möchte ich Dir aufzeigen wie sich in etwa realistisch Momentum in Deiner Struktur entwickeln kann und wie Du so in dieser Branche „langfristig“ extrem gutes Geld verdienen kannst.

Mal angenommen Du hast **im Jahr „nur“ ein Wachstum von 30 Prozent**, wie könnte sich dann Deine Struktur entwickeln? Hier die Tabelle:

Jahr	**Partnerentwicklung bei nur 30% Wachstum im Jahr**	**Einkommen pro Monat (0,5 bis 2 Euro je Partner)**
1.	100	50 bis 200
2.	130	65 bis 260
3.	169	84,50 bis 338
4.	220	110 bis 440
5.	285	142,50 bis 570
6.	371	185,50 bis 742
7.	482	241 bis 964
8.	627	313,50 bis 1.254
9.	815	407,50 bis 1.630
10.	1.060	530 bis 2.120
11.	1.379	689,50 bis 2.758
12.	1.792	896 bis 3.584

13.	2.330	1.165 bis 4.660
14.	3.029	1.514,50 bis 6.058
15.	3.937	1.968,50 bis 7.874
16.	5.119	2.559,50 bis 10.238
17.	6.654	3.327 bis 13.308
18.	8.650	4.325 bis 17.300
19.	11.246	5.623 bis 22.492
20.	14.619	7.309,50 bis 29.238
21.	19.005	9.502,50 bis 38.010
22.	24.706	12.353 bis 49.412
23.	32.118	16.059 bis 64.236
24.	41.753	20.876,50 bis 83.606
25.	54.279	27.139,50 bis 108.558

Die wohl **wichtigste Marke im MLM sind, nach meinen Erfahrungen, die ersten hundert Partner in der Struktur.** Warum? Weil sich **dann generell langsam verstärkt spürbar wachsende Dynamik in Deiner Organisation entwickeln kann.**

Daher sind auch die ersten hundert Partner am schwersten, denn bis dahin wirst Du nahezu Einzelkämpfer sein. **Weil dies leider auch nur wenige**

Networker verstehen und das MLM-Geschäft kurzfristig weit überschätzen, doch es langfristig weit unterschätzen, **geben viele noch weit vor den ersten hundert Partnern auf** oder wechseln und wechseln die MLM-Firmen, so dass sie nie genügend Momentum aufbauen, weil sie dann immer erneut bei null anfangen.

Wie lange brauchst Du also für die ersten hundert Partner? Brauchst Du dafür ein Jahr oder zwei Jahre? Dies liegt ganz an Dir! In etwa 20 Prozent der Erstlinie duplizieren sich und wiederum etwa 20 Prozent machen das Business mehr oder weniger wie Du. Du **musst also zwingend Vorbild sein**: Führen durch Vorbild!

Die vorrangegangene Tabelle habe ich zudem extrem konservativ gehalten. Ich persönlich war bspw. immer – dank meines jeweils phantastischen Teams – im Aufbau wesentlich schneller. Die ersten über tausend Partner, welche in der Tabelle im 10. Jahr angeben sind und wo es dann allgemein langsam auch Richtung Hauptberuf interessant wird, konnten so bereits nach gut 2 Jahren erreicht werden. Doch ich möchte Dir damit lediglich aufzeigen, dass **selbst ein relativ langsames prozentuales Wachstum in der Struktur, mit der nötigen Geduld, Dir langfristig ein großes Einkommen ermöglichen kann.**

Mit 1.060 Partnern in der Struktur sind in der Branche z.B. monatliche Einkommen zwischen 530 und 2.120 Euro absolut realistisch, denn nach meinen Analysen verdienen die meisten Networker zwischen 0,5 bis 2 Euro je Teampartner in der Gesamtstruktur.

Was musst Du also dafür tun, um im Network-Marketing Millionär zu werden und solchen Zahlen realistisch zu erreichen? Nun, als aller erstes **wähle eine MLM-Firma welche seit mindestens 5 Jahren auf den Markt ist! Denn dieses Unternehmen hat bereits die kritischste Zeit**

überstanden und scheint zu funktionieren, ansonsten wäre sie längst vom Markt verschwunden.

Zudem solltest Du generell perspektivisch daran arbeiten **mindestens im Durchschnitt 2 bis 4 Teampartner im Monat Firstline zu sponsern!** Warum? Nach meinen Analysen haben erfolgreiche Networker, ebenso immer in etwa mindestens 2 Partner im Monat an Erstlinien gewonnen. **Zwei Partner im Monat zu sponsern ist mit der richtigen Strategie wirklich nicht schwer und für jedermann, selbst im Nebenberuf, locker möglich**, wenn man nur weiß wie.

Idealerweise solltest Du natürlich nicht „nur" langfristig zwei Partner monatlich Firstline gewinnen, denn je mehr Partner Du sponserst und umso schneller, umso mehr positiven Einfluss kannst Du natürlich auf die Dynamik Deiner Struktur freisetzen. So ist es auch bei mir der Fall und dadurch bin ich bereits wesentlich weiter, als in dieser Liste, weil ich einfach weit mehr als „nur" zwei Partner im Monat gewinne aber und natürlich auch weil ich tolle Partner im Team habe, welche ebenso sehr vorbildlich aktiv sind. Und um diese tollen Partner relativ rasch zu gewinnen, muss man eben einfach möglichst viele sponsern und siehe da: „Wieder eine sechs gewürfelt."

Wie wird man Millionär? Wie Du nun weißt, ist dies im Network-Marketing mit der richtigen Firma, System und Geduld gar nicht mal so schwierig. Schnell reich wirst Du allerdings natürlich auch im Network-Marketing nicht und es wird Dir nichts geschenkt. Auch kann und darf Dir niemand garantieren im Network-Marketing vermögend zu werden, doch im Vergleich zu den Alternativen ist es wohl, nach meiner Meinung, Analyse und Erfahrung, generell der Einfachste und realistischste Weg.

Einen Teil dieser Einnahmen kannst Du natürlich wiederum ins Marketing reinvestieren und so zusätzlich Dein Momentum beschleunigen.

Selbst wenn Du bspw. dank MLM „nur“ ein Einkommen von 5.000 Euro (zusätzlich) im Monat aufbaust, reicht natürlich auch dies bereits um Millionär zu werden. Denn wenn Du bspw. diese 5.000 Euro nur beiseitelegen würdest, wärst Du schon nach 200 Monaten, also etwa 16 Jahren Millionär. Wenn Du clever bist investierst Du dieses Geld wiederum in Vermögenswerte, um es zusätzlich zu hebeln, wie bspw. konservativ in den DAX – 30 größten börsennotierten deutschen Unternehmen –, welche im Durchschnitt jedes Jahr um etwa gut 8% Wertzuwachs erzielen (Zeitraum: 1980 bis 2019).[8]

Selbst nur 5% Wertentwicklung bringen nach 15 Jahren durch den Zinseszins bereits eine Verdopplung des Kapitals, so dass Du mehr als realistisch und konservativ investiert schon nach gut 10 Jahren mindestens Millionär werden kannst.

Noch cleverer ist es aber meiner Meinung nach wenn Du den größeren Teil in Dein Business investierst, denn im MLM kannst Du Dein Wachstum wesentlich selbst beeinflussen und relativ sicher weit mehr als nur 8 Prozent jährliches Wachstum erzielen.

Fazit

Wie wird man Millionär? Die klassischen bekannten Methoden erlauben zwar Millionär zu werden, doch sie benötigen unfassbar viele Voraussetzungen, welche man nur stark begrenzt beeinflussen kann, so

[8] https://www.boerse.de/grundlagen/aktie/Renditedreieck-Dax-Jaehrliche-Durchschnittsrenditen-seit-1980-8

dass sie wesentlich auch vom Glück abhängig sind. Lotto benötigt bspw. extrem viel Glück. Profi-Fußballer zu werden schon wesentlich weniger, weil man selbst großen Einfluss mit ausüben kann, doch selbst dort reicht können allein noch lange nicht aus.

Nicht anders ist es bei anderen gut bezahlten Sportarten. Wer z.B. in die Formel-1 kommen will, braucht, neben außergewöhnlichem Können, das Glück eines der begrenzten Cockpits zu ergattern. Es gibt viele Rennfahrer welche gleich gut oder gar besser sind aber welche nicht entdeckt wurden oder an die man nicht glaubte oder trotz hervorragender Leistung aus der Formel-1 entlassen wurden, so wie z.B. Nico Hülkenberg.[9]

Ähnliches Bild, wie Du in diesem Beitrag erfahren hast, ist es bei Schauspielern, Autoren, Unternehmern, Managern und selbes gilt natürlich auch bei Musikern, Top-Models und nahezu allen anderen Bereichen, welche hier nicht explizit nochmals aufgeführt wurden.

Network-Marketing hingegen bietet tatsächlich jedem prinzipiell die Chance Millionär zu werden. Es braucht dabei weder (viel) Budget, noch besondere Vorbildung, noch Vitamin-B, noch besondere körperliche Voraussetzungen, noch besonderer Talente und schon gar nicht ist das Geschlecht wichtig.

Auch das Alter, die Nationalität und der Lebenslauf interessieren im MLM niemanden. Es ist daher **die wohl mit Abstand beste Gelegenheit perspektivisch Millionär zu werden!**

Mit der richtigen Einstellung kann sich jedermann Schritt-für-Schritt gewaltige Strukturen und somit ein weit überdurchschnittliches (nebenberufliches) Einkommen aufbauen.

---

[9] https://de.wikipedia.org/wiki/Nico_H%C3%BClkenberg

Der wahre Reichtum im MLM ist allerdings, zumindest für mich, weniger die finanzielle Seite, als vor allem die zeitliche Freiheit und Unabhängigkeit welche das Geschäft ermöglicht, denn kaum in einer anderen Tätigkeit kann man ein gutes Einkommen mit so viel Lebensqualität verbinden.

Wie sagt man so schön**: In der klassischen Wirtschaft sind die einen reich aber arm an Zeit und die anderen reich an Zeit aber arm.** Im Network-Marketing hingegen kannst Du **zeitliche und finanzielle Freiheit gleichzeitig erreichen und somit eine Lebensqualität welche nur ganz wenige erleben.**

6. Die 10 Größten Anfängerfehler im Network Marketing – welche Du nicht tun solltest

Es ist immer noch besser Fehler im Network-Marketing zu machen, als gar keine, denn daraus kann man lernen. Dennoch solltest Du lieber auf die folgenden Fehler verzichten.

Dies alles was ich Dir jetzt erzählen werde, kostete mich extrem viel Zeit, Nerven und Kraft und viele andere hätten daher wohl längst aufgeben, wahrscheinlich schon bereits vor dem ersten Partner/Kunden. Was wäre also, wenn ich Dir einer meiner größten Fehler verraten würde inkl. die welche ich oft beobachte und auch immer wieder bei (potentiellen) Teampartnern sehe? Genau, **Du würdest Deinen Erfolg im Network-Marketing wesentlich beschleunigen können**, zzgl. weniger Frustration, schnellere positive Erlebnisse und dabei auch noch viel Geld sparen.

1. Das falsche Produkt wählen

Bevor Du Dich für ein MLM entscheidest achte bitte erstmal nur auf das Produkt. Bist Du wirklich **von dem Produkt überzeugt** und **bereit es selber zu verwenden**? Wenn nicht, wie willst Du dann erst andere davon überzeugen, wenn Du es nicht Mal bereit bist selber anzuwenden?

Nur wenn Du Dein Produkt selber nutzt kannst Du Ergebnisse zeigen, potentiellen Kunden einfach vermitteln wie es funktioniert und bist authentisch.

Mein 1. Einstieg im Network-Marketing war bspw. im Jahre 2005, bei einem bekannten Multi-Milliarden-Konzern. Ohne Frage, eine tolle Firma, doch erst später erkannte ich, dass ich nicht hinter den Produkten stehen konnte. Mein Aha-Effekt kam dabei in Berlin auf einem Seminar auf, als mich andere Vertriebspartner freundlich fragten ob ich auch einige Vitamin-Nahrungsergänzungsmittel in Tablettenform haben möchte. Daraufhin fühlte ich mich extrem unwohl und fehl am Platz, da ich allgemein nur in Ausnahmen und bei Mangelerscheinungen bzw. bei Menschen mit erhöhter Nährstoffnachfrage – wie bspw. bei Leistungssportlern – so etwas als sinnvoll erachte.

Diesen Fehler, der für mich falschen Produkte, tätigte ich dennoch dummerweise daraufhin mehrmals und über viele Jahre. So ließ ich mich bspw. wenig später in meinem neuen MLM-Unternehmen von der Provision von 500 Euro je Empfehlung locken und analysierte überhaupt nicht kritisch das Produkt. Wenig später stellte sich heraus, dass die Firma schlicht Betrug war, da die Produkte gar nicht funktionierten.

Wenn Du also nicht hinter dem Produkt stehst und nicht davon überzeugt bist, dann bitte, suche Dir eine andere Network-Marketing-Firma.

2. MLM-Firma noch keine 5 Jahre alt

Ebenso ein Fehler welcher sich für mich als extrem schmerzvoll erweisen sollte: Damals hatte ich meinen ersten richtigen Durchbruch bei einer jungen Firma und mit Durchbruch meine ich, dass ich immerhin ein kleines mtl. vierstelliges Einkommen erzielen konnte.

Und ja, in der Tat, kann es einfacher sein, was die Wachstumschancen betrifft, bei einer ganz jungen Firma zu Anbeginn dabei zu sein, denn ein Start-Up hat grundsätzlich das Potential schneller zu wachsen, als ein gestandenes Unternehmen. So kommt es durchaus vor, dass manche Firmen – nicht nur im Network-Marketing – die ersten Jahre hundert, bis tausende Prozent und mehr wachsen.

Doch das gewaltige und weit, weit unterschätzte Problem dabei ist, dass es extrem viel Glück benötigt eine Firma gleich zu Beginn zu erwischen die sich längere Zeit, geschweige mehrere Jahre, behaupten kann. Die Chance dazu ist weit kleiner als 5 Prozent, d.h. in der Regel wird man immer wieder nach einigen Jahren erneut von vorne anfangen müssen.

Dementsprechend nicht weiter überraschend, das kurze Zeit danach die Firma zusammenbrach und somit auch mein MLM-Einkommen. All das wofür ich so viel Zeit, Energie und Herzblut reinsteckte war plötzlich nicht mehr da.

Auch später und noch für viele Jahre machte ich diesen dummen Fehler erneut und ich sehe es auch heute, dass viele Glücksritter eine junge Firma wählen und dann natürlich zu weit über 95% der Fälle ebenso immer wieder bei null anfangen. Ja, ich kenne sogar nicht wenige Networker welche schon seit Jahrzehnten immer wieder bei dem angeblich nächsten großen Ding mitmachen und bisher überall erneut enttäuscht wurden, weil eben immer wieder die Firma gescheitert ist. Was hätten diese Leute hingegen in dieser Zeit bei einer gestandenen Firma erreichen können?

Selbst MLM-Firmen welche schon seit teilweise vielen Jahren auf dem Markt sind, können immer noch weit überdurchschnittlich im jährlichen zweistelligen Bereich wachsen. Du kannst also, wenn Du nur so gut wie der Durchschnitt der Vertriebspartner bist, ebenso bei diesen Firmen jedes Jahr an Umsatz um diese Zahlen mitwachsen.

Und jetzt werde ich Dir ein Geheimnis an dieser Stelle verraten: Nahezu alle mir bekannten erfolgreichen Networker waren selten zu Beginn der ersten Jahre dabei, selbst die meisten absoluten Top-Networker, bei allen war die Firma schon, in den meisten Fällen, weit länger als 5 Jahre auf dem Markt. Denn die **Profis wissen, dass das Risiko eines jungen Unternehmens nicht ansatzweise zum Verhältnis der Chancen**

steht und ein kluger Unternehmer ist nun mal kein Zocker oder Glücksritter.

Selbst der erfolgreichste Investor der Welt Warren Buffet agiert daher nach dieser bewährten Strategie, indem er nicht sein Kapital in junge Unternehmen investiert, sondern in gestandene Großunternehmen. Warum macht er das? Weil er Regel Nr. 1 beherrscht, welche lautet: „Nicht verlieren." Denn große Firmen haben ein viel geringeres Ausfallrisiko, als ein Start-Up. Wohlgemerkt, Warren Buffet ist der erfolgreichste Investor der Welt und nicht umsonst dritt reichste Person des Planeten. Niemand hat über so lange Zeit so konstante Umsatzsteigerungen erzielt wie er.

Wenn Du also ohne Kopfschmerzen gesund jedes Jahr wachsen und ein langfristiges Business, statt ein Kartenhaus, aufbauen möchtest, dann wähle eine Firma welche seit mindestens 5 Jahren auf dem Markt ist. **„Langfristig" stabile Rendite bringt Dir aufgrund des Zinseszins-Effektes viel mehr, als nur kurze Blasen, dies gilt übrigens sowohl bei der Geldanlage, als auch im Business.**

3. Nicht auf Sponsor/Empfehlungsgeber achten

Keine Ahnung warum, doch viele versuchen immer wieder das Rad neu zu erfinden.

Ich sage den Leuten daher immer: „Never change a winning System." **Wenn Du denkst Du kannst es besser, tue es gerne, doch bitte erst später. Zu Beginn mache bitte nur das was bereits bewiesenermaßen funktioniert.**

Wer hingegen keinen Sponsor hat oder eine Upline welche ebenso noch unerfahren ist, der kann natürlich nichts anderes machen als sich dieses

Wissen selber mühsam und zeitaufwendig beizubringen und muss dann eben auch, wenn man bspw. erfolgreich im Online-Marketing agieren will, sich z.B. Landingpage-Vorlagen, Sales-Letter, Präsentation etc. selbst erstellen inkl. einige tausend Euro an Werbebudget einplanen, bis die Conversion befriedigende Ergebnisse liefert. Doch wer das Glück eines erfahrenen Sponsors hat und so viel Unterstützung - aus Erfahrungen und fertigen erfolgserprobten Tools, Leitfäden etc. - nutzen kann, der sollte es definitiv tun.

4. Nach dem Einstieg sich ewig mit NICHT zielführenden Dingen beschäftigen

Was muss man lernen um im Network-Marketing erfolgreich zu sein? Muss man den Vergütungsplan verstehen? Muss man die AGB beherrschen? Nein, dennoch habe ich manchmal Partner welche es selbst nach mehreren Wochen nicht einmal schaffen mal wenigstens einfach anzufangen und stattdessen stetig neue Fragen per Mail stellen. Irgendwann sage ich dann auch: „Max, hast Du bereits die ersten Schritte absolviert?“ Wenn mir dann jemand sagt: „Nein“, dann frage ich ihn dezent warum er sich mit den Dingen beschäftigt welche ihn nicht erfolgreich machen.

Überall ist es nun mal so, dass man nicht gleich alles wissen kann und auch nicht wissen muss. Ein guter Sponsor wird Dir aber immer die wichtigsten ersten Schritte an die Hand geben, so dass Du Dir nicht über andere irrelevante Dinge für Dein Business Gedanken machen musst.

Ich selber habe bspw. auch ewig nicht verstanden wie ein Breakawayplan funktioniert, doch durch learning by doing und mit den ersten Partnern ging mir sukzessive, wie von alleine, ein Licht auf. Wahrscheinlich hätte ich es ohne die Praxis nie verstanden und dann nie angefangen.

Übrigens, brauchst Du auch keine Angst davor haben, wenn Du bspw. bei einem potentiellen Kunden oder Partner eventuell eine Frage nicht beantworten kannst. Sage daraufhin einfach ehrlich, dass Du noch neu bist und Du Dich um die Antwort kümmerst oder lade Deinen potentiellen Teampartner auf eine 3-er-Konferenz mit Deinem Sponsor ein, um so gleich aus der Praxis zu lernen. Die Macht der dritten Person kann im Übrigen Wunder bewirken aber dies wäre nun auch schon wieder an anderes Thema.

Konzentriere Dich vor allem auf die „Einkommensproduzierenden Aktivitäten", auch **EPA's** genannt.

5. Sich zu große (unrealistische) Ziele setzen

Ja, in meiner Anfangszeit im Network-Marketing, so muss ich zugeben, war auch ich euphorisch. Rückwirkend gesehen lag es auch daran, dass ich damals mit dem schnellen Geld gelockt wurde und zudem noch extrem jung und naiv war. Zwar habe ich immer noch weit überdurchschnittliche Ziele, welche die meisten wohl nicht zu träumen wagen, geschweige sich vorstellen können. Doch mittlerweile weiß auch ich das, selbst im Network-Marketing, Geld nicht auf Bäumen wächst, d.h. man muss dafür was tun und dabei möglichst zielführend handeln und dies lange genug.

In meinen Gesprächen bei potentiellen Teampartner kommt u.a. immer mal wieder die Frage in der Art und Weise: „Matthias, was muss ich tun um in 6 Monaten 5.000 Euro zu verdienen?" Ich denke mir dann immer erstmal so etwas wie: „Oh, man, eindeutig noch nie, auch nur ansatzweise, was im unternehmerischen Bereich zu tun gehabt." Daraufhin frage ich dann meistens (sachlich): „Was sind Sie denn bereit dafür zu tun und was bringen Sie mit?" Wenn ich dann daraufhin keine Antwort erhalte wie z.B.: „Ich habe fundierte Direktvertriebserfahrung." oder „Ich bringe viel Kapital mit." oder „Ich habe bereits erfolgreich eine MLM-Struktur von mehreren tausend Partnern aufgebaut, wo ich einige gute Kontakte sicherlich reaktivieren könnte.“, dann sage ich den Leuten klipp und klar, dass diese Vorstellung komplett unrealistisch ist.

Warum bin ich auch dort dann so ehrlich? Ganz einfach, weil eine solche Person schnell vom Geschäft enttäuscht sein wird und sich somit meine investierte Zeit in die Person nicht rechnet. Viel schlimmer, diese Zeit hätte ich dann in eine andere Person viel besser aufwenden können, welche möglicherweise realistischere Erwartungen vom Business hätte und somit, mit hoher Wahrscheinlichkeit, auch genügend Geduld und Engagement mitbringen wird. Zudem tue ich der Person damit selbst einen Gefallen, denn auch dieser Mensch sollte seine wertvolle Lebenszeit nicht unnötig verschwenden.

Auch monetäre Ziele im Allgemeinen finde ich nicht zielführend und können schnell zur Demotivation führen. Mein Tipp daher: Setze Dir erstmal ganz kleine Ziele und gucke nur auf die ersten Stufen. Ein gutes Ziel könnte bspw. sein erstmal lediglich das umzusetzen was Dir Dein Sponsor sagt und dabei möglichst den Kopf auszuschalten. Bei uns im Direktvertrieb z.B. in der Produktkategorie Energie – Strom, Gas und Wärme – lautet der 1. Schritt: „Einfach Rechnungen einsammeln.“

Dann versuche als 2. möglichst nur erstmal zehn Neins zu generieren – natürlich es nicht mit Absicht darauf ankommen lassen – und Du wirst überrascht sein, dass Du dieses Ziel in der Regel nicht erreichen wirst und schon mindestens Dein erstes Ja erhältst.

Wiederhole anschließend das Ganze, schaue dann erst auf die Quote – welche sich mit der Zeit natürlich generell verbessern wird – und beantworte Dir dann mit den ersten gewonnenen Kunden/Partnern die Frage wie oft Du dieses „Ja“ in der Woche bekommen möchtest. Anfangs würde ich auch hier klein anfangen und dann mit den ersten positiven Ergebnissen langsam Schritt für Schritt immer höhere Ziele setzen. Sehe dies erstmal als sportliche Herausforderung, eben einfach nur deshalb, weil Du ein ambitionierter Typ/Frau bist, erst später gucke auf Deine Provision welche Du dabei erzielt hast.

Sobald Du Dir monetäre Ziele setzt, denke auch dort Etappenweise und nicht nur an die Zahlen, sondern was Du mit diesem Budget machen möchtest. Schließlich ist **Geld immer nur ein Mittel zum Zweck**.

Ein gutes Ziel könnte bspw. sein ein bestimmter Urlaub und wie Du dann z.B. am Strand chillst oder aber, dass Du durch diese Einnahmen bald in Teilzeit gehen könntest oder später, sobald Du es hauptberuflich machst, nicht mehr jeden morgen früh aufstehen müsstest usw.. Frage Dich also immer wie das Geld dazu beitragen kann Deine Lebensqualität und Deinen Lebensstil spürbar zu verbessern.

6. Zu wenige Menschen ansprechen

Immer wieder höre ich die folgende Aussage: „Matthias, habe mit den Leuten gesprochen und keiner möchte mitmachen. Bei mir funktioniert es nicht.“ Wenn ich dann frage: „Mit wie vielen Leuten hast Du denn konkret gesprochen?“ Höre ich meisten Angaben zwischen zwei bis maximal fünf Personen, oft sogar hat die jeweilige Person lediglich mit dem engsten Menschen gesprochen, wie Freund(in) oder Eltern, wo die Enttäuschung dann einfach besonders groß ist, dass genau jeweils diese Person sich nicht dafür entschieden hat.

Ganz ehrlich, wenn Network-Marketing so extrem einfach wäre, dann würde es jeder machen und dann wiederum würde es nicht funktionieren. Dies gilt übrigens nicht nur im Network-Marketing, sondern auch bei klassischen Unternehmen, d.h. es müssen immer wesentlich mehr Leute „angegangen“ werden, als letztlich

Kunden/Partner werden. **Das Schöne ist, im Network-Marketing brauchst Du nicht ständig neue Partner, sondern nur die Richtigen.** Bis Du diese Personen allerdings findest, wirst Du generell erst viele Frösche küssen müssen.

Wenn Du schüchtern oder introvertiert bist, kannst Du heutzutage natürlich auch Menschen rein digital gewinnen. Ich persönlich arbeite bspw. in der Partnergewinnung 100% online und dabei kommen Menschen durch moderne MLM-Inbound-Marketingstrategien von selbst auf mich zu. Mit dieser Vorgehensweise konnte ich mittlerweile über tausend direkte Partner gewinnen und dadurch – natürlich wäre dies niemals möglich ohne mein tolles Team - wiederum viele tausende Partner in der Tiefe meiner Struktur entstehen.

Doch auch bei mir macht natürlich nicht jeder mit und, um genau zu sein, nur die aller wenigsten tun es. Im Online-Marketing benötigt es sogar noch wesentlich mehr Kontakte. Wenn ich bspw. Menschen auf meine Landingpage leite, tragen sich davon letztlich etwa 10 Prozent ein und davon wiederum wird jeder 10 bis 30 Lead Partner.

Die Kunst ist also letztendlich einfach mehr Kontakte zu generieren und Du wirst so auch mehr Anbindungen realisieren, ganz egal ob offline oder online. Jedes Unternehmen kennt seine Quoten und Du solltest sie auch kennen. Wenn Du dies weißt, kannst Du einfach kalkulieren wie viele Ansprachen Du etwa benötigst um jeweils einen neuen Partner/Kunden zu gewinnen und kannst dann dementsprechend erfolgsorientiert agieren.

7. Mehrere MLM-Unternehmen aufbauen wollen

Auch dies war damals ein Fehler von mir, denn ich dachte mir plump: „Auf zwei oder drei Beinen steht es sich besser als auf einem Bein.“ Erst später verstand ich warum auch meine Partner plötzlich mehrere MLM’s machten, denn Deine Partner machen nie das was Du sagst, sondern dass was Du vorlebst.

Zudem wie wirkt es wohl auf Dich wenn Dein Sponsor plötzlich noch ein anderes Network betreibt? Wirkt dies authentisch? Wirkt es so, als würde diese Person an sein Business glauben? Wirkt es so, als wäre die Person erfolgreich? Glaubst Du, das eine solche Person sich wirklich bestens im eigenen Geschäft auskennt, wenn auf so vielen Hochzeiten gleichzeitig getanzt wird?

Es kommt noch schlimmer. Stelle Dir bspw. vor Dich ruft jemand an und fragt: „Habe Ihre tolle Präsentation gesehen. Wo kann ich mich anmelden?“ Und Du antwortest daraufhin erstmal: „Ja, wo wollen Sie denn einsteigen? MLM Nr. 1 oder Nr. 2?“ Daraufhin wird generell jeder wieder das Weite suchen.

Auch sollte es Dein Ziel sein in einem MLM Deine Energie zu bündeln und maximal gut zu werden. Du kannst nur richtig gut werden, wenn Du Dich auf eine Sache konzentrierst und fokussierst: Egal ob im Online-Marketing oder Direktvertrieb.

Last but not least, solltest Du auch Deine Partner in bester Weise unterstützen können und dies geht nicht, wenn Du Deine Zeit noch in andere Strukturen steckst und Dich so nirgends richtig auskennst. **Ein Hobby bleibt immer nur ein Hobby.** Daher ist es so, und aus noch vielen anderen guten Gründen, das kein erfolgreicher Networker ein zweites MLM betreibt.

8. Ständig neuen Gelegenheiten nachlaufen

Es gibt viele Leute welche nichts richtig zu Ende bringen und stetig die vermeintlich grünere Wiese suchen. Gerade zu Zeiten des Internets ist die nächste vermeintlich „große“ Chance immer nur einen weiteren

Mausklick entfernt.

Wenn Du Network-Marketing wirklich verstanden hast, dann weißt Du, dass es generell kein besseres Business gibt, sowohl was die vielen Vorteile betrifft, als auch die extreme Hebelwirkung und Langfristigkeit des Businessmodels. Und im Network-Marketing erfolgreich wurde auch noch niemand der, wohlgemerkt, auf mehreren Hochzeiten gleichzeitig tanzte und so nirgends richtig gut wurde.

Egal aber welche Gelegenheit, **es wird nie das Starten, sondern immer das Durchhalten belohnt.** Daher, lasse Dich nicht ablenken von anderen vermeintlich einfacheren Pfaden. Konzentriere Dich auf ein Ziel und ziehe es durch und schaue dabei nicht nach links oder rechts. Genau das ist der Unterschied zu den Leuten welche in einer Sache extrem gut und erfolgreich werden und denen welche nur gekommen sind um mal kurz reinzuschauen und später nur noch zuzuschauen.

9. Investition als Verlust sehen

Der Einstieg ins Network-Marketing-Business und der Weg zur aktiven, perspektivisch wachsenden, Umsatzbeteiligung ist mit extrem kleinen finanziellen Eintrittsbarrieren verbunden, welche von nahezu jedermann bezahlt werden kann. Denn es handelt sich generell um Startkosten und laufende Kosten auf Taschengeldniveau. Die meisten Network-Unternehmen erlauben bereits ab einem Starterset im dreistelligen Bereich und einem Aktivumsatz für häufig weniger als einen Kaffee am Tag, sich ein perspektivisch unbegrenztes Einkommen aufzubauen. Es gibt sogar einige MLM-Unternehmen welche ganz auf Starterpakete, Mindestumsätze oder Lizenzgebühren verzichten.

Keine andere mir bekannte seriöse und seit Jahrzehnten erfolgserprobte Selbstständigkeit bietet einen solchen günstigen Einstieg, schon gar nicht solche Vorteile und nahezu unbegrenzte Karriereperspektiven.

Wer allerdings ernsthaft sein Network-Marketing-Unternehmen aufbauen möchte, der muss auch bereit sein zu investieren, denn **auch in**

diesem Business muss erst die Saat gelegt werden, bevor die Ernte eingefahren werden kann.

Wer z.B. offline erfolgreich Kunden akquirieren will, benötigt häufig ein Fahrzeug inkl. Benzin, Versicherung. Wer dies (zusätzlich) digital tun möchte, wird kaum ohne Notebook, Internetanschluss, Webseite auskommen. Auf die Webseite wiederum kommen Besucher natürlich nicht alleine, d.h. es muss z.B. Geld für Anzeigen investiert werden oder in Zeit, für Sozial-Media-Werbung wie z.B. Instagram, Youtube und Facebook. Zeit ist wiederum, wie wir alle wissen, Geld.

Man muss also, egal ob direkt oder indirekt, bereit sein Opfer zu bringen. Oder wie es in der Bibel steht: „Wer gibt, dem wird gegeben.“

Aus irgendeinem seltsamen Grund und obwohl wir eigentlich alle wissen das in allen Bereichen des Lebens dieselbe Gesetzmäßigkeit herrscht, haben einige die groteske Vorstellung im Network-Marketing würden andere Regeln bestehen und man erst etwas bekommen können. So habe ich in Gesprächen schon öfter die folgende Aussage gehört: „Aber ich muss doch erst verdienen bevor ich investiere.“ Ich frage die Leute dann immer wo es im Leben diese Erfolgs-Formel gebe. Wer z.B. einen Schulabschluss erlangen möchte oder einen akademischen Abschluss, muss erst viel Zeit und nicht selten viel Geld investieren. Wer aus einem Kamin Wärme erhalten möchte, muss erst Brennholz reinwerfen. Wer mit Aktien Dividenden erzielen will, muss erst Aktien kaufen. Und natürlich ist es auch im Berufsleben nicht anders. Erst muss z.B. einen Monat zur Arbeit gefahren werden und mit z.B. Fahrkosten in Vorleistung getreten, bis am Ende des Monats dann das Gehalt gezahlt wird. Ein Taxifahrer wiederum kann erst mit seiner Arbeit anfangen, nachdem er sich ein Fahrzeug finanziert. Ein klassischer Unternehmer muss generell erst Maschinen, Büro und Angestellte bezahlen bevor Geld verdient wird usw.. Der einzige Grund, nach meinen Erfahrungen, warum

Leute nicht bereit sind in ihren Network-Marketing-Erfolg zu investieren ist, dass sie nicht an den Erfolg glauben.

Wer nicht bereit ist zu geben der wird definitiv, wie überall anders im Leben auch, im MLM scheitern, denn selbst ein Lottomillionär bekommt nichts geschenkt, sondern muss zuerst bereit sein in Lose zu investieren.

Als ich z.B. damals studierte, musste ich einen fünfstelligen Betrag investieren und vier Jahre wertvolle Lebenszeit, ohne Garantie ob ich den Abschluss jemals erhalten würde. Ebenso selbstverständlich sollten Investitionen im Network-Marketing sein. Nur wer bereit ist zu investieren, kann später verdienen. Mit Investition meine ich wohlgemerkt Geld und Zeit.

10. Zu früh aufhören

Auch ich hatte vor einigen Jahren schon mit den Gedanken gespielt das Handtuch zu werfen, doch die Vernunft hat letztlich gesiegt. Nach kritischer Prüfung wusste ich das keine andere Branche mir so viel Freude und Glück im Leben ermöglichen könnte wie im Network-Marketing.

Dabei geht es mir weniger um die exzellenten „langfristigen“ Einkommensperspektiven, denn ich persönlich brauche nicht viel Geld um glücklich zu sein, sondern vor allem um den Lifestyle.

Jederzeit selbst entscheiden zu können wo und wann ich arbeite und mit wem ich arbeite. Ganz ohne Chef, nicht als Untergebener und nicht um Urlaub betteln zu müssen. Ganz ohne jeden Tag nervige heuchlerische Kollegen erleben zu müssen und selbst bestimmen zu können wann ich meinen Hobbies und Leidenschaften nachgehe. Einfach endlich das Leben führen zu können was ich möchte.

Freiheit, Unabhängigkeit und Selbstbestimmung sind mir persönlich extrem wichtig.

Das tolle ist, **im Network-Marketing kannst Du, entgegen zum klassischen Unternehmertum, NICHT scheitern**. Und wenn Du dabei ähnliche Vorteile wie ich im Network-Marketing entdeckt hast, dann gibt es keinen Grund zu früh aufzuhören.

Im Multi-Level-Marketing benötigst Du keinen Kredit und somit auch keine schnellen Einnahmen um diesen (rechtzeitig) zurückzuzahlen. Auch hast Du keine hohen laufenden hohen Kosten eines klassischen Unternehmers, wie für Personal, Maschinen etc., welche Dich in den Bankrott stürzen könnten. **Du benötigst aber dafür in diesem Business umso mehr Geduld.**

Viele, und auch ich gehörte damals dazu, überschätzen extrem was man im MLM in kurzer Zeit erreichen kann und unterschätzen gleichzeitig umso mehr was man in diesem Business langfristig schaffen kann. Nehmen wir bspw. mal an Du baust Dein Geschäft extrem langsam auf und verdienst nach einem Jahr nur 100 Euro im Monat zusätzlich an Provision und Dein Einkommen wächst nur jeweils 20 Prozent im Jahr, was würdest Du dann an Erträgen erzielen.

Einkommensentwicklung bei jeweils nur 20 Prozent Steigerung im Jahr in Euro:

1. 100,
2. 120,
3. 144,
4. 172,80,
5. 207,
6. 248,83,

7. 298,59,
8. 358,31,
9. 429,98,
10. 515,97,
11. 619,17,
12. 743,
13. 891,61,
14. 1.069,93,
15. 1.283,91,
16. 1.540,07,
17. 1.848,84,
18. 2.218,61,
19. 2.662,33,
20. 3.194,79

Lohnt sich das? Was erwartest Du denn alternativ an Rente nach 40 bis 50 Jahren Arbeit in einer klassischen abhängigen Beschäftigung? Was kannst Du erst im Network-Marketing durch die Zinseszins-Dynamik im selben Zeitraum erreichen?

Das obige Beispiel ist mit Absicht, wie immer bei mir, extrem konservativ gehalten, denn ich kenne einige Networker welche bereits nach nur wenigen Monaten weit vierstellige Einnahmen erzielen konnten, teilweise sogar bereits ohne Struktur im Direktvertrieb.

Ebenso kenne ich einige Networker welche in weit weniger als zehn Jahren zu Multi-Millionären wurden.

Doch all diese Leute haben auch für diesen Erfolg überdurchschnittlich viel gemacht und bspw. jede Woche Meetings, Meetings, Meetings gehalten. So ist es kein Wunder, dass die erfolgreichsten Partner meistens immer auch die Meetings veranstalten, denn diese machen so die meisten Kontakte und generieren so wiederum die meisten direkten Partner.

Mittlerweile kann man die Partnergewinnung natürlich auch digital machen. Je mehr Leute Du also bspw. auf Deine Landingpage schickst, umso mehr Leads wirst Du generieren und somit umso mehr Teampartner und dadurch wiederum wirst Du umso mehr echte Geschäftspartner gewinnen.

Gleichzeitig arbeitet die Zeit im Network-Marketing für Dich mit, denn je länger Du dabei bist umso mehr profitierst Du vom Exponential-Faktor, daher ist es besonders wichtig eine stabile Firma als Fundament zu haben, so dass Du kontinuierlich, wie Warren Buffett, Deine Umsatzrendite stetig beibehalten kannst. Denke daran, auch Warren Buffett wurde nicht dadurch reich, weil er extreme Renditen wie manche Hedgefonds Manager oder Trader erwirtschaften würde, sondern weil er „nur" eine gute Rendite „langfristig" halten konnte. Stetig bspw. „nur" 20 Prozent im Jahr sind weit mehr als bspw. einmal 200 bis 1.000 Prozent im Jahr und danach Zusammenbruch.

Ganz egal also wie schnell Du mit Deinem Umsatz wächst, ob durchschnittlich 20, 30 oder 100 Prozent im Jahr, **„langfristig" kannst Du im Network-Marketing extrem erfolgreich werden. Besonders dann, wenn Du noch jung oder im mittleren Alter bist hast Du den Zeitfaktor Vorteil auf Deiner Seite.** Nichts ist also besser als möglichst umgehend im Network-Marketing einzusteigen und aktiv zu werden.

7. Produkte welche im MLM besonders gut funktionieren und warum

Immer wieder erhalte ich die folgende Frage: „Matthias, welche Produkte lassen sich im MLM gut verkaufen?“ Grundsätzlich ist die Frage exzellent, denn viele andere stellen auch eine weniger gute Frage, welche lautet: „Wo erhalte ich die höchsten Provisionen?“ Letztendlich nützt natürlich auch die beste Provision nichts, wenn sich das Produkt nicht bzw. nur schwer empfehlen lässt. Es ist sogar so, das schlechte Produkte oft erst mit hohen Provisionen aufwarten müssen, um den Weg zum Kunden zu finden.

Idealerweise sollte ein Produkt sich gut empfehlen lassen und dennoch eine attraktive Provision abwerfen. Wenn man sich die weltweit erfolgreichsten Network-Marketing-Unternehmen bzgl. Umsatz und auch die weltweit erfolgreichsten Networker anschaut, sind diese generell überwiegend in folgenden Produktsegmenten vertreten:

- Nahrungsergänzung
- Kosmetik
- Hausmittel
- Pflegeprodukte
- Wellness
- Fitness
- Finanzen
- Versicherungen
- Telekommunikation
- Energie

Wenn man die Liste der Produkte analysiert fällt auf, dass alle eine **hohe Begehrlichkeit** aufweisen, d.h. für nahezu jeden potentiell in Frage kommen.

Zudem sind es generell **Verbrauchsprodukte**, d.h. sie werden regelmäßig konsumiert und so früher oder später, natürlich vorausgesetzt der Kunde ist zufrieden, **wieder nachbestellt**.

Wenn Du im Network-Marketing hingegen ein Produkt hättest das nur für potentiell 1 von 100 Personen in Frage kommt wird es umso schwerer sein Abnehmer zu finden. Das heißt es würde generell wesentlich mehr Zeit und Kraft in Anspruch nehmen.

Wenn das Produkt nicht verbraucht wird, würdest Du jeden Monat wieder erneut bei null anfangen müssen um Kunden zu akquirieren.

Bei einem **Verbrauchsprodukt erhältst Du hingegen oft so lange der Kunde dabei bleibt eine Umsatzbeteiligung** und dies zusätzlich auf die Struktur Deiner Partner.

Wenn Du z.B. lediglich 500 Kunden in Deiner gesamten Struktur mit Deinem Team aufbaust und darauf nur im Mittel 2 Euro im Monat je Kunde erzielen würdest, dann wäre es ein passives Zusatzeinkommen von bereits 1.000 Euro.

Vom Vorteil ist es, wenn das Produkt zudem relativ einfach erklärt werden kann. Energie – Strom und Gas - nutzt z.B. allgemein jeder und muss daher nicht bzgl. der Wirkung etc. weiter erläutert werden.

Allerdings sind relativ komplexe Produkte im Network-Marketing nicht weniger erfolgreich, wie u.a. die Finanz- und Versicherungsindustrie beweist, auch wenn man dort oft anstelle vom MLM vom Strukturvertrieb spricht. Nur ist dort halt dann die Geschwindigkeit der Duplikation generell nicht so schnell möglich, weil Partner erst umfassend ausgebildet werden müssen und es allgemein, auf Grund der

Komplexität, auch schwerer ist andere Menschen für das Empfehlungsgeschäft zu begeistern.

Fazit

Produkte des täglichen Bedarfs bzw. welche regelmäßig konsumiert werden und Umsatz abwerfen und zugleich eine weitgehend hohe Begehrlichkeit aufweisen funktionieren traditionell im Multi-Level-Marketing am besten. Je einfacher das Produkt dabei erklärt werden kann, umso positiver kann sich dies bzgl. der Geschwindigkeit in der Duplikation auswirken.

8. Vertrieb aufbauen – wie neue Partner gewinnen?

Einer der mit Abstand häufigsten Fragen welche mir im Network-Marketing gestellt wird lautet: „Matthias, wie kann ich neue Partner gewinnen?“

Auch ich hatte lange Zeit ernste Probleme auch nur einen einzigen Geschäftspartner anzubinden. So gab ich im ersten Jahr mehrere tausend Euro für Werbung aus – meine gesamten damaligen Ersparnisse – und tat all das was mir mein Sponsor empfahl, wie Leute ansprechen, Ladenlokale aufsuchen, Zeitungsannoncen schalten und gewann dennoch keine einzigen Geschäftspartner, geschweige Kunden.

Mittlerweile weiß ich, dass einfach die damalige Anleitung meines Sponsors nicht gut genug war, denn viele andere Partner meines damaligen Unternehmens sind mehrfache Multi-Millionäre geworden. Bedeutet an der Firma und den Produkten lag der Misserfolg nicht, sondern einfach an der eigenen Strategie.

Die letzten Jahre konnte ich dieses Problem beheben und allein direkt über weit eintausend Partner persönlich einschreiben. Doch das Beste ist, vieler meiner Partner gewinnen ebenso kontinuierlich neue Partner und Kunden, einige schafften es sogar bereits im ersten Jahr ihrer Tätigkeit auf weit über hundert Erstlinien. Hier einige Beispiele wie auch Du sukzessive neue Anbindungen realisieren kannst:

Die gute alte Namensliste

Man mag es nicht glauben, doch selbst im digitalen Zeitalter ist die Namensliste mit Abstand der schnellste, günstigste und beste duplizier bare Methode für den Partner- und Kundenaufbau. Bevor ich jemanden empfehle andere Methoden einzusetzen verweise ich daher immer auf die Namensliste.

Die Namensliste hat nur zwei Haken:

1. Sie erfordert bei introvertierten Menschen oft viel Überwindung. Ich gehöre übrigens dazu, habe mich aber dennoch dazu überwunden. Auch nahezu alle mir bekannten erfolgreichen Networker begannen mit der Namensliste, allein schon aufgrund der Vorbildfunktion.

2. Irgendwann kann es sein, dass die Namensliste mehr oder weniger abgearbeitet ist, so dass man spätestens dann weitere Methoden benötigt. Daher ist es wichtig, sich immer, auch bei einem „Nein" weitere Empfehlungen geben zu lassen. Wer dies gut umsetzt kann über eine Namensliste nahezu unbegrenzt neue potentielle Kunden und Vertriebspartner erneut und stetig in seine Vorlage eintragen.

Messen und Events

Viele Networker gewinnen sukzessive neue Partner und Kunden über Messen, indem sie z.B. Promotionstände aufbauen. Manche Network-Marketing-Firmen stellen dafür fertige Stände bereit, so dass man diese für relativ kleines Budget erwerben kann. Einer der letzten Networker in diesem Bereich habe ich z.B. auf einer Hundemesse entdeckt, welche Tiernahrung vertrieben.

In den meisten mir bekannten Unternehmen haben die höchste Position im Vergütungsplan überwiegend die Menschen erreicht, welche regelmäßig Events vor Ort durchführten. Also indem sie einfach regelmäßig, z.B. einmal die Woche in einem Hotel, das Business und die Produkte präsentieren.

Haustürgeschäft

Einige nennen es Klinkenputzen, anderen hingegen war es egal und wurden so zu Millionären. Fakt ist: Je nach Produkt kann das Haustürgeschäft extrem gut funktionieren. Staubsaugervertreter verkaufen mit dieser Methode z.B. auch heute noch bis zu über 30 Geräte im Monat. Im Energie-Portfolio kenne ich sogar Leute welche mit dieser

Vorgehensweise im Schnitt über 1.500 direkte Abschlüsse im Jahr machen.

Das nicht jeder für das Haustürgeschäft geboren ist, auch ich nicht, steht außer Frage. Doch wer viel Spaß in der direkten Kommunikation hat, für den ist es ein möglicher Weg zur Akquise.

Partyverkauf

Egal ob Plastikschüsseln, Kosmetik, Schmuck, Geräte zum Kochen oder erotische Spielzeuge, im Partyverkauf erzielen tausende Vertriebler ein attraktives Einkommen. Letztendlich ist es auch hier wichtig, dass man sich wohlfühlt und dann folgt mit der Zeit der Erfolg mehr oder weniger von ganz alleine und somit auch die Provisionen.

Meine Mutter konnte über diese Methode z.B. im Kosmetik-Bereich und für Kochtöpfe – damals war ich noch ein Kind - sehr viele Kunden gewinnen und später aus einigen der zufriedenen Kunden auch Teampartner. Wichtig dabei ist, dass es keine reine Verkaufsveranstaltung sein sollte, sondern eine Art Event, daher ja auch der Begriff „Party"-Verkauf. Besonders bei Frauen klappt dieses generell sehr gut, da Frauen allgemein besonders sozial sind.

Content-Marketing

Kennst Du schon Blogs? Wenn ja, warum nutzt Du noch nicht selber einen Blog umso (zusätzlich) auf Deine Produkte und Geschäftsmöglichkeit aufmerksam zu machen. Bei einem Blog handelt es sich vereinfacht ausgedrückt nicht mehr als um eine Art Tagebuch, wobei die neuesten Artikel immer als letztes auf der Webseite gelistet sind.

Grundsätzlich kannst Du kostenfrei einen Blog erstellen, z.B. über Wordpress oder Blogger. Ich empfehle Dir aber ein eigenes Hosting, d.h. mit eigener Domain, da Du so viel mehr Möglichkeiten hast und es auch kommerziell uneingeschränkt nutzen darfst.

Auch ich nutze Blogs und konnte allein über diesen Ansatz mittlerweile viele tausende Leads und hunderte direkte Partner gewinnen.

Übrigens, da ich damals in der zweiten Klasse im Fach Deutsch sitzen geblieben bin und zudem mehrere Jahre auf der Sprachheilschule, bin ich mir sicher, dass viele dafür viel besser prädestiniert sind als meine Wenigkeit.

Social-Media-Marketing

Nahezu jeder nutzt doch heutzutage Social-Media, egal ob Facebook, Instagram, Youtube, Xing, LinkedIn, TikTok und was es sonst noch alles gibt.

Oft wird dann stolz das letzte Essen präsentiert und somit für den Restaurantbetreiber kostenlos Werbung gemacht. Urlaubserlebnisse gezeigt und somit für das Land gratis Werbung. Die letzten Klamotten, welche man sich gekauft hat und somit wieder kostenfreie Werbung für andere. Oder wann hast vielleicht auch Du das letzte Mal Deinen Freuden das tolle Hotel gezeigt wo Du übernachtet hast oder ein Auto welches Du Dir geleast hast oder die letzten Torergebnisse Deines Fußballclubs gepostet? Du siehst also, Menschen betreiben vielfach Werbung für andere und das auch noch meistens kostenfrei. **Warum also nicht mal für sich und seine eigene Sache Werbung machen?**

Natürlich sollte man dabei gewisse Dinge beachten und plumpe Werbung wird nicht funktionieren. Auch braucht es Zeit sich eine nennenswerte Reichweite aufzubauen. Wer es allerdings versteht kontinuierlich seine Zielgruppe zu unterhalten, kann langfristig auch kommerziell stark profitieren.

Einige Beispiele:

- im Bereich Kosmetik wäre eine Möglichkeit Schminktipps

- Im Bereich Nahrungsergänzung z.B. Tipps zum Muskelaufbau, siehe viele bekannte Fitnessblogger
- Im Bereich Network-Marketing allgemein kann es auch gut funktionieren, wenn möglich, den eigenen Lifestyle zu zeigen, z.B. Reisen, Freizeit etc..

Auch ich persönlich nutze Social-Media-Marketing und konnte so allein über die Plattform Youtube viele hunderte Erstlinien gewinnen. Beachtet werden sollte dabei allerdings, das Social-Media relativ viel Investition von Zeit benötigt, d.h. man sollte zu einem diese Zeit regelmäßig einplanen können und zudem sich darüber bewusst sein, dass man nicht bei jeder Plattform mitmischen kann.

PPC-Marketing

Wer wenig Zeit hat aber dafür ggf. umso mehr Geld in die Hand nehmen kann für den ist PPC-Marketing durchaus eine gute Ergänzung, um kontinuierlich neue Kunden oder/und Teampartner zu gewinnen.

Plattformen wie z.B. Facebookads und Google-Adwords erlauben es Dir u.a. für bestimmte Suchbegriffe und Zielgruppen Anzeigen zu schalten. Wenn z.B. jemand in Google das Keyword „Nebenberuf" oder „Job Alternative" eingibt kann daraufhin eine Anzeige von Dir eingeblendet werden. Das beste dabei, erst wenn jemand daraufklickt und so z.B. auf Deine Landingpage kommt, bezahlst Du Geld.

Ich persönlich nutze auch gerne diese Marketingform und konnte darüber ebenfalls schon viele hunderte Erstlinien gewinnen.

Weitere Ideen

Grundsätzlich sind der Kreativität im Marketing nahezu keine Grenzen gesetzt und die oben genannten Methoden sind vor allem die welche ich selber erfolgreich einsetze bzw. Partner von mir oder wo ich mehrere Partner kenne welche damit erfolgreich sind.

Weitere Beispiele wären u.a. Flyer, Zeitungsannoncen, Kleinanzeigenportale – diese habe ich ebenfalls vor einigen Jahren mit Erfolg genutzt -, Foren, Schwarze Bretter, Viralmailer, Facebookgruppen, Newsletter, Gastbeiträge.

Um auf alle Bereiche ausführlich einzugehen, würde bei weitem den Rahmen des Buches sprengen und je nach Zielgruppe muss auch unterschiedlich vorgegangen werden, so dass man keine pauschalen Aussagen treffen kann. Doch einige wichtige elementare Ergänzungen dazu: Bei Flyern solltest Du u.a. beachten, dass einfach „in den Briefkasten stecken“ kaum etwas abwerfen wird. Am besten ist die persönliche Übergabe. Natürlich sollten die Flyer auch möglichst kreativ und ansprechend gestaltet werden. Dies fängt bereits mit der Farbgestaltung an: Ein auffälliges gelb sticht viel besser ins Auge als ein Tristes weiß.

Sich in Foren einfach anzumelden und dann Links zu posten, führt nicht zum Erfolg. Sondern sich aktiv in der Gruppe zu beteiligen und dann z.B., wenn es passt zum Thema, einen ergänzenden Blogartikel verlinken und dann im Mix – aber bitte nicht zu auffällig – auch mal den ein oder anderen eigenen Blogartikel zum Thema darunterzumischen kann Ergebnisse einbringen.

Bei Newsletter Buchungen sollte vorzugsweise immer Stand Alone gebucht werden und die Zielgruppe passen.

Wie Du vielleicht schon gemerkt hast, habe ich mich in der Partner- und Kundengewinnung vor allem auf das Internet spezialisiert. Wenn Du wissen möchtest wie ich dabei konkret vorgehe und welche Tools dabei wichtig sind, findest Du mehr dazu unter https://mlm18.de/Rabatt

9. Marketing Budget ermitteln im Network-Marketing

Wer erfolgreich im Network-Marketing werden möchte und dabei plant seine Struktur durch kostenpflichtige Werbung aufzubauen, sollte unbedingt im Vorfeld sein Marketing Budget ermitteln können. Warum dies so wichtig ist inkl. Praxisbeispiel.

Das eigene Marketing Budget zu ermitteln mag langweilig klingen, ist aber sowohl für klassische Unternehmen und Unternehmer, als auch im Geschäft Network-Marketing essenziell für Erfolg. Denn nur wer seine eigenen Zahlen kennt, kann daraus zielorientiert agieren.

Wer seine Zahlen hingegen nicht kennt, und dies ist nach meinen Beobachtungen bei weit über 95% der Vertriebspartner im Multi-Level-Marketing leider der Fall, der wird schnell resignieren, da er überhaupt nicht abschätzen kann welche Zahlen und Ergebnisse benötigt werden, geschweige kann ohne diese Kennziffern „langfristig" denken und agieren.

Praxisbeispiel

Doch wie könnte nun in der Praxis im Network-Marketing das richtige Marketing Budget ermitteln werden? Nehmen wir mal an Du startest neu bei einer MLM-Firma und weißt durch Deinen Sponsor – welcher schon seit einigen Jahren loyal bei ein und demselben Unternehmen dabei ist und daher aus den Erfahrungen die Zahlen genau kennt – das **je hundert direkt gewonnener Partner** in etwa folgende Ergebnisse im Team, **nach z.B. bereits nur etwa 36 Monaten,** generiert werden:

- etwa zwei Orgaleiter (ab 300 Verträge/Kunden)
- etwa 5 Gruppenleiter (ab 100 Verträge/Kunden)
- etwa 5 Fachberater (ab 25-50 Verträge/Kunden)
- etwa 20 Berater (ab 10-20 Verträge/Kunden)

Nehmen wir des Weiteren an, Du würdest dabei je Abschluss **im Schnitt 20 Euro Differenzabschlussprovision** erhalten. Was würdest Du dann also **nach bereits etwa 36 Monaten aus den Qualifizierungen der Partner an Provisionen erwarten können?**

Die Antwort:

1. 2 x Orgaleiter x 300 Abschlüsse = 600 Abschlüsse insgesamt x 20 € = 12.000 Euro
2. 5 x Gruppenleiter x 100 Abschlüsse = 500 Abschlüsse insgesamt x 20 € = 10.000 Euro
3. 5 x Fachberater x mindestens 25 Abschlüsse = 125 Abschlüsse insgesamt x 20 € = 2.500 Euro
4. 20 x Berater x mindestens 10 Abschlüsse = 200 Abschlüsse insgesamt x 20 € = 4.000 Euro

Insgesamt könntest Du also in diesem Beispiel, allein aus den Qualifikationen der Teampartner, **je hundert direkt gewonnenen Partnern und nach bereits 36 Monaten 28.500 Euro erwarten.** Berechnet lediglich aus den Differenzabschlussprovisionen, d.h. weitere mögliche Folgeprovisionen, Direktprovisionen – für direkt gewonnene Kunden -, Prämien, Wettbewerbsprovisionen etc. noch gar nicht erwähnt, also **bewusst konservativ und einfach gehalten.**

Zu Beginn des Geschäftes, und hier passiert ein weiterer Fehler von Laien, solltest Du **nicht** bereits an Gewinngenerierung denken, sondern an die **Anschubfinanzierung**, d.h. was muss getan werden um das Business erstmal zum Laufen zu bekommen und den Breakeven zu erreichen?

Wenn Du hundert direkte Partner aufgebaut hast und nach 36 Monaten in diesem Beispiel für Dich etwa 28.500 Euro zu erwarten sind, dann solltest Du also im Network-Marketing **überlegen wie Du möglichst**

nicht mehr oder besser weniger ausgeben kannst um auf diese hundert Erstlinien zu kommen.

Nach den 36 Monaten könntest Du dann bspw. planen die Gewinnzone zu erreichen und sukzessive einen Teil der Provisionseinnahmen zu reinvestieren, zum Beispiel 50%. Aber mehr dazu später.

Du weißt also nun in diesem Beispiel was Du je hundert Erstlinien realistisch an Ergebnis – durch langjährige Erfahrung Deines Sponsors – erwarten kannst, doch wie kannst Du nun diese hundert Erstlinien aufbauen und was müsstest Du dafür investieren?

Nehmen wir mal an Dein Sponsor hat aus hunderten direkt gewonnenen Erstlinien die Erfahrung gemacht das **jeder Lead auf der Landingpage im Schnitt etwa 5 Euro kostet**.

Du müsstest als weiteres nun also wissen, was Du aus diesen Leads auf Deiner Landingpage erwarten kannst. Mal angenommen Dein Sponsor stellt Dir, neben den Landingpage-Vorlagen, erfolgserprobte Sales Letter inkl. automatisierter Präsentation zur Verfügung, durch welche er bereits hunderte Erstlinien gewinnen konnte und er weiß daher genau das **im Mittel aus jeweils 30 Leads zwischen 1 bis 2 neue Erstlinien entstehen**. Wie viel würde Dich also dann jeweils ein neuer Partner an Marketing Budget kosten? Ganz konservativ gerechnet also im schlechtesten Fall jeweils **150 Euro.** Warum? 30 Leads x 5 Euro = 150 Euro.

Wie teuer wären nun also **100 direkte Partner? 150 Euro x 100 Leads = 15.000 Euro.** Weit über 99% der Networker würden nun die Hände über den Kopf schlagen, weil sie einfach nicht bereit sind so viel Geld in ihr Business zu investieren und sie keinerlei Kaufmännische, geschweige unternehmerischen, Vorerfahrungen mitbringen und es somit generell absolut an Zahlenverständnis und langfristigem denken fehlt.

Du bist aber natürlich 1% der anderen Networker und Du gehst daher wie ein echter Kaufmann an die Sache heran: Du fragst Dich: 15.000 Euro Marketing Budget bringen mir was? Genau, etwa 100 direkte Partner.

Aber was bringen die 100 direkten Partner? Genau, etwa im Mittel 28.500 Euro Provision.

28.500 Euro Provision Minus 15.000 Euro Marketing Budget wären also = 13.500 Euro Überschuss.

Dennoch würde ich Dir empfehlen nicht unbedingt schon in den ersten Jahren mit Gewinn zu rechnen. Gerade in der Anfangszeit wird es nicht ohne Anschubfinanzierung mit Geldmitteln von außen klappen, bis Du dann früher oder später lediglich noch einen Teil aus Deinen Provisionen reinvestierst.

Nochmal, weil es so wichtig ist, die **erste Zielsetzung sollte sein Dein Geschäft tragfähig zu machen**, also Dir Gedanken zu machen **wie Du es zum Laufen bringen kannst** und **wie lange Du benötigst Dein Marketing Budget wieder einzuspielen**, also den Breakeven zu erreichen.

Wie viel Marketing-Budget wäre nun als Weiteres monatlich nötig um bspw. die Zielsetzung von 100 direkten Partnern in 36 Monaten zu gewinnen? Auflösung: 150 Euro Marketingaufwand je direkten Teampartner x 100 Zielpartner = 15.000 Euro / 36 Monate = 416,66 Euro im Monat. In diesem Fall müsstest Du also **mindestens 416,66 Euro im monatlich investieren, wenn Du bereits nach 3 Jahren hundert Erstlinien aufbauen wolltest,** um dadurch perspektivisch 28.500 Euro Differenzabschlussprovisionen zu erzielen.

Was wäre an Budget nötig um dies nach bereits 12 Monaten zu schaffen? Genau, 416,66 Euro x 3 = 1.250 Euro im Monat. Allerdings, würdest Du dann wahrscheinlich, wenn Du so schnell sponserst, wesentlich weniger verdienen als wenn Du hundert Partner in 3 Jahren aufbaust. Warum? Weil Deine Partner Zeit zur Entwicklung brauchen, d.h. wohl kaum einer wird bereits in so kurzer Zeit Organisationsleiter werden, daher war das Beispiel bewusst auf 36 Monate ausgelegt.

Nach hinten raus wiederum, würdest Du natürlich dann nach 36 Monaten perspektivisch viel mehr einnehmen bzw. könntest das Ziel bzgl. der Summe schon wesentlich rascher erreichen.

Nach den drei Jahren und sobald Du hundert direkte Partner aufgebaut hast, wirst Du natürlich weiter machen und vieler Deiner Partner ebenso, d.h. ab dann kommt generell langsam spürbar das Momentum zum Tragen.

Letztendlich ist, meiner Ansicht nach, der Leadpreis im Multi-Level-Marketing bzw. die Kosten je neuen Teampartner relativ unerheblich, da durch die enorme Hebelwirkung die Ausgaben „langfristig" extrem einfach refinanziert werden können.

> *Im Direktverkauf und klassischem Affiliate-Marketing ist es natürlich generell etwas anderes, wenn dort bspw. ein Produkt je Verkauf 50 Euro einbringt muss man generell bei den Akquise-Kosten darunterbleiben. Im MLM haben wir diese Probleme nicht.*

Dennoch bleibt auch Network-Marketing ein Business und somit kann es zu einem nie Garantien geben und zum anderen gibt es natürlich auch Risiken, wie bspw., dass die Firma insolvent geht. Daher ist es weise, bereits im Vorfeld, ein seriöses Network zu suchen, welches die kritische Start-Up-Phase schon hinter sich hat, sauber finanziert ist und natürlich mit wettbewerbsfähigen Produkten und einer sauberen Unternehmensbilanz.

Fazit

Für Erfolg im Network-Marketing, wie auch im klassischen Unternehmertum, muss man seine Zahlen kennen und dies gilt u.a. insbesondere für das Marketing Budget. Nur wer weiß was in etwa je hundert direkt gewonnener Teampartner realistisch heraus kommt, in unserem Beispiel durchschnittliche Qualifikationen, und wer weiß was er daran in etwa an Provisionen erwarten kann, und ebenso Kenntnisse darüber hat was jede Akquise kostet, kann das nötige Marketing Budget ermitteln.

Im Übrigen, sind dabei bewusst hundert Erstlinien gewählt worden, weil man in der Wissenschaft bei hundert generell von weitestgehender Signifikanz spricht, d.h. dass diese Zahlen grundsätzlich kein Zufall sind, sondern wiederholbar. Dennoch kann es dafür natürlich keine Garantien geben, schon gar nicht im Unternehmertum, wo sich gewisse Variablen stetig ändern, aber es ist halt sehr wahrscheinlich, dass die Ergebnisse sich in weitgehend ähnlicher Weise anschließend erneut wiederholen.

10. Wie vielen Firstliner benötigt man um im MLM ein Haupteinkommen aufzubauen?

Einer der wohl häufigsten Fragen im MLM, welche nicht nur bei Neueinsteigern immer wieder vorkommt, lautet: „Wie viele Firstliner – direkte Partner - benötigte ich um im MLM ein Haupteinkommen aufzubauen?“

Rein theoretisch und je nach Vergütungsplan reicht bereits nur ein Firstliner – bei Unilevelmarketingplan, Matrixvergütungsplan, Breakawayplan – aus. Bei einem Binärvergütungsplan hingegen sind mindestens zwei Firstliner nötig.

Dabei ist allerdings nicht gemeint das es in der Realität generell genügen würde nur ein bis zwei Leute ins Geschäft anzubinden, sondern das wir hier lediglich von den Erstlinien sprechen, welche die Struktur weiter in die Tiefe ausreichend duplizieren. Also die Leute, welche auch wirklich aktiv werden.

Allgemein muss man sagen das selbst bei einem Unilevel- und Matrixplan es in der Praxis daher, mit angrenzender Wahrscheinlichkeit von 100 Prozent, kaum ausreichend sein wird lediglich eine Person direkt zu empfehlen, da in der Regel die Duplikation in die Breite für ein dementsprechendes Einkommen nicht befriedigend sein wird, doch es ist hier zumindest rein theoretisch möglich und je tiefer der jeweilige Plan auszahlt, umso höher diese Wahrscheinlichkeit.

Doch wie bereits erwähnt, allein um eine ausreichende Duplikation zu entwickeln sollten zwei Firstliner das absolute Minimum darstellen, denn bedenke 1×1 bleibt immer eins, nur 2**x2** wird 4 und 4**x2** wird 8 usw.. Gleichzeitig aber auch um nicht nur auf eine Linie angewiesen zu sein, unabhängig in welchem Vergütungsplan man auch arbeitet.

Ich kenne sehr erfolgreiche Networker welche nur 2 starke Linien haben und daraus eine Struktur von tausenden von Partnern aufbauten. Diese erfolgreichen Networker mussten in der Regel aber nahezu ausnahmslos mindestens im Durchschnitt 50 bis 100, in weit über 90 Prozent der Fälle sogar mehrere hunderte Partner direkt sponsern, um diese zwei Firstliner zu entdecken.

Doch ich kenne ebenso Personen in der Branche – bisher nur einen einzigen Networker – welche nur 2 Leute ins Geschäft rekrutierten und dabei gleich beide Erstlinien eine riesige Organisation aufbauten. Das Witzige dabei, dieser Networker ist ein älterer Herr jenseits der 70 Jahre und hatte diese zwei Leute nur mal zu einer Veranstaltung geschickt, ohne sich selber tiefer mit seinem Geschäft jemals auseinandergesetzt, geschweige es verstanden zu haben. Es sei ihm gegönnt, doch dennoch, sollte dieser Mensch natürlich für Networker kein Vorbild sein. Allerdings zeigt dieses Beispiel mal wieder eindrucksvoll, wie wertvoll jeder Partner sein kann und zudem, wie schnell sich das Geschäft positiv in die Tiefe entwickeln kann.

Du solltest niemals vergessen, dass Dir jeder weitere Teampartner eine zusätzliche Strukturgröße von bis zu mehrere Millionen Partnern bedeuten kann – die erfolgreichsten Networker haben nämlich genau das geschafft.

Generell gilt, **je einfacher ein System ist und umso zielgerichteter die Werbung ausgelegt ist**, umso höher steigt die Wahrscheinlichkeit das sich aus diesen Firstlinern genau die (ersten) zwei Firstliner entwickeln welche sich in die Tiefe stark duplizieren. Firstliner also welche das Geschäft genauso ernsthaft und kontinuierlich betreiben wie Du. Das Ziel ist daher nicht so viele direkte Partner zu sponsern wie nur möglich, sondern so effizient wie möglich - bspw. lieber in Unternehmerkreisen rekrutieren, als Leute aus dem Angestelltenverhältnis - und lange zu sponsern bist Du den ersten Firstliner hast der wirklich Engagement zeigt und diesen dann zu unterstützen.

Natürlich darfst und solltest Du auch dann weiter Dein MLM-Geschäft aufbauen. Doch wichtig ist, dass Du vor allem in dieser Phase vordergründig für genau diesen Firstliner zur Verfügung stehst, bspw. für Sponsorgespräche (3-er-Konferenzen) oder bei Marketingunterstützung usw.. Erst nach dem Dein erster ernsthafter Firstliner alleine arbeiten kann und keine weitere Unterstützung benötigt, ist es zu empfehlen wieder die eigenen Sponsor Tätigkeiten zu erhöhen und wieder so lange zu rekrutieren bis Du erneut merkst, dass einer wirklich ernsthaft will, um diesen Partner dann ebenso zu unterstützen.

Doch woran merkt man überhaupt ob jemand wirklich will oder sich lediglich einmal einschreiben möchte um sich wenig später wieder ablenken zu lassen? Ganz einfach, die Firstliner welche wirklich wollen melden sich immer wieder bei Dir und rufen Dich immer und immer wieder an – bzw. in Zeiten von Whatsapp, Facebook, E-Mail und Co, kann diese Kontaktsuche natürlich auch über andere digitale Wege erfolgen -, indem Sie Dich zu Fragen zum Geschäft manchmal geradezu durchlöchern.

Natürlich ist nicht jeder von diesen Partnern, welche ständig Fragen haben, auch tatsächlich ein ernsthafter Teampartner. So gibt es darunter auch einige, welche z.B. lediglich Aufmerksamkeit suchen, Wissen abgreifen wollen oder schon nächsten Monat doch wieder was anderes machen oder das Geschäft frühzeitig aufgeben. Doch die Wahrscheinlichkeit bei diesem Verhalten auf „Ernsthaftigkeit" ist bei diesen Leuten allgemein besonders hoch.

Daher ist es also wichtig, dass Du besonders für diese Leute erreichbar bist und sie so lange unterstützt bis sie – mehr oder weniger - von alleine vorwärtskommen. Und wann kommen diese Leute von allein vorwärts? Ganz einfach, zu einem siehst und merkst Du das natürlich indem Du die Entwicklung in der Struktur als Sponsor verfolgen kannst und als zweites haben diese Firstliner natürlich mit der Dauer der Geschäftstätigkeit (Learning by Doing) immer weniger Fragen und melden sich dementsprechend nahezu automatisch immer seltener.

Irgendwann sind diese Firstliner soweit eigenständig, so dass Du bspw. nur noch einmal im Monat ein kurzes Update mit ihnen besprichst und man sich austauscht und sich ab und zu natürlich auf den Veranstaltungen wieder trifft um ein Bier zu trinken.

Was viele Networker falsch machen: Sie sponsern wie die Weltmeister und lassen dabei oft ihre eigenen Firstliner total im Stich. Es ist leider nicht selten das Uplines sogar ihre Rufnummer ändern und nicht mehr erreichbar sind oder bei einigen ständig das Telefon besetzt ist.

Der größte Fehler ist, dass viele Networker ihren ernsthaften Firstlinern weniger Aufmerksamkeit schenken als potentiellen Interessenten. Daher vergesse nie was Network Marketing ist, ja man muss Leute anbinden aber das ist nicht das Wichtigste. Das Wichtigste ist, dass Du anschließend auch für Deine ernsthaften Firstliner da bist und Ihnen dann zeigst wie sie Deine erfolgreiche Arbeitsweise duplizieren können.

Wenn Dein Marketing gut ausgelegt ist – Du also z.B. vor allem mit Leuten aus dem Unternehmertum zu tun hast, welche bspw. wissen das man **„erst Geben“ muss um zu nehmen** und das man **Geduld** benötigt – und wenn Dein Marketingsystem leicht duplizier bar ist, dann hast Du gute Chancen, dass Du relativ wenige direkte Leute benötigst um die ersten zwei guten **ernsthaften Firstliner** zu finden.

Je nach MLM-Unternehmen sind die Zahlen bzw. Durchschnittswerte natürlich unterschiedlich. Allgemein gilt bspw. das bei Unternehmen welche erst einmal einen Starterkit von z.B. 1.000 Euro verlangen tendenziell mehr ernsthafte Firstliner haben, als bei Unternehmen wo der

Einstieg bspw. nur 100 Euro kostet oder eventuell sogar kostenfrei möglich ist. Eine natürliche Auslese findet hier also generell schon im Vorfeld statt, denn die Leute welche nur mal schauen wollen und dabei generell vorab weder an das Geschäft, noch an sich glauben, werden auch erst gar nicht dazu bereit sein z.B. Summe x zu investieren. Zwar ist es in diesen Unternehmen also allgemein schwieriger neue Partner anzubinden aber dafür ist die Duplikation in der Regel je Person um ein Vielfaches höher, als bei sehr günstigen oder kostenfreien Einstiegsoptionen.

Unabhängig der Quote ist es also wie in einem normalen Unternehmen auch, es sind letztendlich immer mehrere Bewerbergespräche nötig um die „richtigen“ Partner zu finden. Bei der Lufthansa bspw. werden von etwa 100 Bewerbern gerade mal im Durchschnitt einer zugelassen, doch das sind Durchschnittswerte, mal benötigt es auch 300 Bewerbergespräche und manchmal aber auch nur 50.

Der einzige wesentliche Unterschied zu Network-Marketing: Generell jeder erhält die Chance sich zu beweisen und wird nicht bereits im Vorfeld ausgemustert.

11. Raten Dir Freunde und Bekannte vom MLM ab?

Vielleicht kennst Du es bereits? Du bist begeistert im Multi-Level-Marketing gestartet und erzählst davon Deinen Freuden und Bekannten und erhältst nur Ablehnung. Doch weshalb verhalten sich Freunde und Bekannte so negativ zu MLM?

Die beruhigende Nachricht zuerst: Es liegt generell nicht an Multi-Level-Marketing, das Dir Freunde und Bekannte Dein MLM madig machen wollen, sondern allgemein an u.a. der Einstellung der deutschen Bevölkerung zum Bereich Selbstständigkeit. So ist Deutschland laut einer Studie zur Thematik Gründergeist weltweit nahezu Schlusslicht.[10] In dieser Studie wurde zudem deutlich das sich nur etwa 1/4 eine Selbstständigkeit überhaupt zutrauen, bedeutet gleichzeitig, dass etwa 3/4 der Auffassung sind das sie ungenügend Fähigkeiten hätten eine eigene Tätigkeit erfolgreich aufzubauen.

Da zudem allgemein dem Propheten im eigenen Land oftmals noch weniger zugetraut wird als sich selbst, sind Bekannte und Freude daher generell besonders skeptisch. Ich weiß bspw. zu gut als ein Kumpel von mir vor einigen Jahren eine eigene Zeitarbeitsfirma gründen wollte, alle, welchen er davon erzählte, haben ihm abgeraten. Meine Wenigkeit war die einzige Person, welche im Mut zusprachen und ich wusste das er definitiv auch das Rüstzeug dazu hätte. Nicht nur wegen seiner kaufmännischen Ausbildung, sondern auch von seiner Persönlichkeit her. Um es abzukürzen, er ist mit seiner Firma, in nur wenigen Jahren, sehr erfolgreich geworden, so dass er sich um Geld schon lange keine Sorgen mehr machen braucht. Viele andere hingegen, welche ihm abgeraten

---

[10] https://www.wiwo.de/erfolg/gruender/ceo-studie-der-wechsel-muss-jetzt-kommen-nicht-in-20-jahren/13635648-3.html

haben, suchen bis heute nach einem Job und meckern wie schlecht alles ist, statt selber mal einen alternativen Weg zu wagen. Wobei man bei den Taschengeldinvestitionen im MLM ja nun wirklich nicht ernsthaft von wagen sprechen kann.

Ein weiterer Grund, weshalb Freunde und Bekannte grundsätzlich vom MLM abraten, ist, dass sie schlicht generell niemanden bisher kennen der damit erfolgreich ist. Sie implizieren also nun, das automatisch jeder im MLM scheitern muss. Zugegeben, im MLM scheitern wohl mindestens genauso viele Menschen wie im Fitnessstudio, denn sich anmelden ist auch hier sehr leicht, es erfolgreich durchzuziehen und eine entsprechende Einstellung für Erfolg an den Tag zu legen, ist hingegen eine ganz andere Sache. Doch ebenso wie im Fitnessstudio liegt der Misserfolg nicht daran, das viele im MLM keine Ergebnisse erzielen würden, weil es nicht funktioniert, sondern weil die Leute entweder nicht richtig das System anwenden – bspw. nicht wissen wie sie über eine Landingpage Leads generieren können und diese Leads anschließend automatisiert in Partner umzuwandeln – oder/und zu früh aufgeben. Und streng genommen kann man im MLM nicht scheitern, sondern nur zu früh aufgeben, denn das Wissen kann man sich sukzessive aneignen und auch die richtige Einstellung zum MLM-Erfolg, wenn man denn nur wirklich will.

Generell raten einem Bekannten und Freunde vom MLM auch nicht deshalb ab, weil sie Angst davor haben man könnte womöglich „langfristig“ erfolgreicher im Beruf werden als sie selber – auch wenn es solche Ausnahmen geben mag –, sondern vor allem, weil sie Dich schützen möchten. Das sie allerdings bezüglich MLM generell die falschen Ansprechpartner sind, sollte jedem bewusst sein. Denn wenn man bspw. Bauchschmerzen hat, kann man durchaus einen Freund fragen ob er möglicherweise wisse woher der Schmerz kommen könnte, doch bei einem wahren Ratschlag diesbezüglich geht man natürlich zum Arzt und nicht zum Freund um die Ecke oder in die Autowerkstatt. Ebenso ist es im MLM, man kann Bekannten und Freunden zwar davon erzählen, doch sollte keine Begeisterung dafür, geschweige hilfreicher Worte, erwartet werden.

Als ich bspw. damals Freunde und Bekannten vom MLM erzählte, gab es generell ebenfalls nur blöde Sprüche. Von ständigen Anspielungen meines Opas, wenn ich ihn besuchte: „Und schon Millionär?“ Wie von Leuten aus dem Fitnessstudio, welche mich gefragt haben was ich so mache und wo ich daraufhin später hinter meinem Rücken hören musste, dass ich mich angeblich an einem Schneeballsystem beteiligen würde. So erzählte mir z.B. ein ehemaliger Klassenkamerad: „Tim hat mir erzählt, dass Du jetzt angeblich ein Schneeballsystem aufbaust?“

Mein Tipp: Sofern Du nicht (zusätzlich) Deine Namensliste für womöglich den ein oder anderen Kunden oder/und Geschäftspartner einsetzen möchtest, erzähle niemanden von Deinen Freunden und Bekannten von Deinem MLM-Business. Sobald Du damit nach und nach steigende Einnahmen generierst, werden sie es noch früh genug mitbekommen und so ab Beginn Deine MLM-Tätigkeit ernst nehmen.

Ein Sprichwort lautet: **„Erst belächeln sie Dich, dann ignorieren sie Dich und später akzeptieren sie Dich.“** Du wirst eine ganz ähnliche Erfahrung machen. Kaum einer wird Dir zu Beginn gut zureden, ganz im Gegenteil und immer mal wieder dumm nachfragen, wie: „Na, wie läuft es mit Deinem tollen Business?“ Mit den ersten Erfolgen dann werden die dummen Kommentare versiegen und später irgendwann wird das was Du machst, mit dem wachsenden Erfolg, sukzessive akzeptiert werden. Die Menschen sind nun mal so wie sie sind.

Zudem sollte einem bewusst sein das keine 0815-Laufbahnen grundsätzlich immer auf Abneigung stoßen. Jeder Mensch mit überdurchschnittlichen Zielen wird im Allgemeinen belächelt und nicht selten sogar als arrogant abgestempelt, da viele die Meinung vertreten man glaube so automatisch man sei etwas Besseres. Dies ist natürlich eine kindische Vorstellung, doch die Menschen sind so wie sie sind und auch darüber muss man stehen und sich seiner Sache sicher sein. Ein gewisses Selbstbewusstsein und dickes Fell benötigt man also definitiv auch als Networker. Wer dies nicht hat, der ist in dieser Branche, meiner Meinung nach, so oder so falsch. Und das schöne, wenn man wirklich will, dann kann man auch an seiner Persönlichkeitsentwicklung arbeiten.

Viele Leute welche z.B. an mich damals nicht glaubten oder nichts von meiner Tätigkeit wissen wollten oder diese belächelten, von denen höre ich jetzt Aussagen wie: „Matthias, ich habe nie daran gezweifelt, dass Du es schaffst." Wäre es umgekehrt, würden diese Leute wohl sagen: „Habe Dir doch gleich gesagt, dass es nicht funktioniert."

12. Warum Du nicht Partnern Dein System aufdrängen solltest

„Vorleben und andere nachmachen lassen ist der beste Weg." Dies stimmt auch allgemein und man sollte nie etwas anderes predigen, als das was man nicht selber vormacht. Dennoch gibt es Ausnahmen, auch fern des Online Network Marketing Business. So gibt es bspw. Teampartner welche sich nicht mit dem Internet und PC auskennen oder aber keine Geduld für Online Marketing haben. Was also ist dann mit diesen Partnern?

Idealerweise kann man dann diesen Personen einen Offline-Weg präsentieren, welcher bereits von anderen Partnern erfolgreich praktiziert wird. Doch auch allein das Online Multi-Level-Marketing ist vielfältig und selbst meine Wenigkeit nutzt bei weitem nicht alle Optionen aus, welche das Internet bietet. Schauen wir uns also nur einige Möglichkeiten an und für wen was individuell in Frage kommen könnte und für wen wiederum welcher Marketing-Ansatz eher nicht.

Es gibt natürlich verschiedene Charaktere von Menschen und jede Person ist jeweils individuell verschieden und hat unterschiedliche Stärken und Schwächen, daher hier nur einige Beispiele aus der Praxis.

Person 1. Der Extrovertierte

Der Extrovertierte, ist generell eine Person welche nicht nur im Direktvertrieb (offline) hohes Potential hat und so allein schon durch Struktur unabhängige Leistung – sofern sich das Produkt gut verkaufen lässt – viel erreichen kann, sondern auch im Social Media der grundsätzlich ideale Kandidat ist. Denn Social Media benötigt u.a. Leute welche sich gerne zeigen und präsentieren, andere gerne an ihrem Leben teilhaben lassen, oft Aufmerksamkeit suchen und brauchen. Je nachdem könnten bspw. Soziale Netzwerke wie Facebook, Instagram oder YouTube ein guter Weg sein Reichweite aufzubauen und diese Reichweite in Traffic und Leads umzumünzen.

Person 2. Der Introvertierte/Schüchterne

Zurückhaltende Personen sind eher nicht für den Direktvertrieb geeignet, obwohl ich auch Partner habe welche sich dazu überwinden konnten und mittlerweile dabei sehr erfolgreich sind. Doch natürlich nicht jeder kann und möchte sich dazu überwinden.

Auch bereits vor die Kamera stellen, fällt diesen Personen häufig schwer, womit bspw. Youtube schon häufig ausscheidet. Diese Personen also für Direktvertrieb oder Video-Marketing zu überzeugen wird generell nicht funktionieren und wäre daher der falsche Ansatz. Was also können diese Menschen machen, um dennoch Reichweite und somit Traffic aufzubauen?

Eine Möglichkeit wäre bspw. PPC-Marketing bzw. bezahlte Anzeigen, also durch die Reichweite Dritter Traffic auf seine Landingpage abzugreifen – z.B. via Facebookads, Suchmaschinen-Werbung, auf andere Webseiten.

Eine weitere Möglichkeit wäre Content-Marketing via Blogging. Also durch Branchen spezifische Artikel Aufmerksamkeit und Reichweite aufzubauen und somit letztlich wiederum Leads zu gewinnen.

Neben diesen zwei Unterscheidungen, extrovertiert und introvertiert, gibt es weitere individuelle Unterschiede. So hat bspw. die eine Person einen Hauptberuf und ein gutes Einkommen aber nur wenig Zeit und die andere Person wiederum nur wenig Einkommen aber dafür viel Zeit. Für wen ist also welcher Ansatz am besten?

Der Angestellte – kaum Zeit aber Geld

Jemand der eine 40h Woche hat wird natürlich generell kaum noch großartig Zeit und Energie in sein Business investieren können. Generell sind meistens 1 bis 2h täglich schon das höchste der Gefühle. Diese Personen haben allerdings generell ein gutes Einkommen und könnten so zum Beispiel allein durch PPC-Marketing jeden Monat mehrere neue Teampartner generieren.

Beispiel: Conversion auf der Landingpage 10 Prozent und aus 30 Leads im Mittel ein bis drei Zusammenarbeiten. Bedeutet, bei einen Klickpreis von 0,50 Euro kostet ein Lead etwa 5 Euro und für jeweils 150 Euro entstehen Firstline ein bis drei Teampartner. Wer also nur 150 Euro monatlich in sein MLM-Business investieren kann würde dadurch generell zwischen 1 bis 3 Erstlinien im Monat gewinnen. Mit gar 300 Euro monatlich zwischen 2 bis 6 Erstlinien usw..

Ohne Einkommen – kaum Geld aber Zeit

Viele Rentner kommen kaum über die Runden und bereits jeder vierte benötigt die Tafel. [11] Auch Menschen ohne Arbeit, Studenten und Auszubildende bekommen oft kaum Geld um damit große Sprünge machen zu können, d.h. für diese Personen können bereits 150 Euro im Monat viel Budget bedeuten, so das z.B. PPC-Marketing häufig ausscheidet.

Doch diese Menschen haben etwas anderes Wertvolles, was wiederum die Vollzeitbeschäftigten nicht haben: Zeit.

„Zeit ist Geld“, sagt ein Sprichwort und wer Zeit hat kann damit oft Geld kompensieren, zumindest zum gewissen Teil. Wie viel Zeit benötigt es

[11] https://www.zeit.de/wirtschaft/2017-12/altersarmut-gesetzliche-rentenversicherung-tafeln-jochen-bruehl

bspw. ein Video zu drehen, einen Blog-Artikel zu schreiben oder einen Post in Facebook oder Instagram zu erstellen inkl. Recherche? Vielleicht 1, 2 oder 3 Stunden? Nehmen wir bspw. mal an ein Blog-Artikel benötigt inklusive Recherche 4h. Wie viele Blog-Artikel könnte also bspw. ein Rentner in der Woche fabrizieren?

Wenn nur jeden Tag 4h investiert werden und dies lediglich von Montag bis Freitag, dann wären es schon 5 Artikel in der Woche und somit 20 Artikel im Monat und nach einem Jahr bereits 240 Artikel. Wie viel Teampartner kann man nun aus 240 Artikel gewinnen? Nun, das lässt sich nicht so einfach pauschal beantworten und kommt u.a. darauf an wie gut ein Artikel geschrieben wurde, zu einem Suchwort optimiert wurde, wie gut die Conversion der Leads ist usw.. Was ich aber sagen kann ist, dass einige Partner von mir allein über diese Methode mehrere hundert Erstlinien aufbauen konnten und daher lohnt es sich damit zu beschäftigen, wenn man Zeit investieren kann.

Wer bspw. gut SEO optimierte Texte umsetzt, kann realistisch gesehen schon mit weit unter 100 Artikeln, viele tausende Aufrufe im Monat generieren. Nehmen wir also mal an jemand zieht es nur 6 Monate lang durch, jeden Tag von Montag bis Freitag jeweils etwa 4h zu investieren, um einen Artikel zu schreiben und würde somit bereits im 6. Monat 120 Artikel besitzen. Nehmen wir des Weiteren an, dass nur jeder Artikel im Schnitt 30 Besucher im Monat generiert, dann wären es schon 3.600 Besucher im Monat. Gehen wir zudem davon aus, dass aus dem Blog heraus nur jeweils 2 Prozent Conversionrate erreicht werden, also nur jeder 50 Besucher sich auf der Landingpage einträgt, dann würden bereits jeden Monat 72 Leads aus dem Blog entstehen.

Wie viele Teampartner kann man nun wiederum aus 72 Leads generieren? Nun, je nachdem wie gut Dein Salesfunnel ist. Wir generieren z.B. aus 72 Leads im Durchschnitt zwischen 2 und 6 Erstlinien. Sind 2 bis 6

Erstlinien im Monat, für nur täglich 4h Zeitinvestment, von Montag bis Freitag, nach einem halben Jahr, also ein gutes Geschäft? Meiner Meinung nach: Absolut! Denn allein wer im Durchschnitt „nur" mindestes 2 Partner im Monat Firstline im Online Network Marketing Business gewinnt, wird nach meinen Erfahrungen – genügend Geduld vorausgesetzt – „langfristig" unweigerlich erfolgreich, da so generell spätestens beim 100sten Firstliner schon in etwa zwischen 2 bis 4 echte Geschäftspartner erwartetet werden können. Bedeutet wiederum, dass man ab dann langsam kaum noch verhindern kann, dass sich zunehmend wachsendes Momentum in der Struktur entwickelt.

Fazit

Wie Du siehst gibt es mehrere Wege welche nach Rom führen und nicht für jeden werden die Methoden welche Du selber erfolgreich im Network-Marketing Business einsetzt automatisch ebenso die besten sein. Wichtig ist daher, dass Du idealerweise Deinen (neuen) Teampartner individuell beraten kannst und aus Deinen Erfahrungen und Tipps einen gangbaren Weg aufzeigst.

Klar, auch Du kannst natürlich nicht alle Methoden im Offline- und Online-Marketing kennen, doch wenn Du vielleicht nur selber 2 bis 3 Methoden erfolgreich umsetzt und vielleicht zudem einen Sponsor hast oder dessen Sponsor, der noch weitere Methoden erfolgreich nutzt, dann hast Du bereits ein breites Repertoire, dass Du Deinen neuen Partnern zur Verfügung stellen kannst, so dass Du für (fast) jeden einen erfolgreichen Weg zur Partner- und Kundengewinnung aufzeigen kannst.

13. Was MLM definitiv nicht ist:

In Verbindung zu Multi-Level-Marketing werden oft die folgenden falschen Aussagen aus Unwissenheit getätigt und daher ist es wichtig kurz in diesem Beitrag darauf einzugehen.

1. Ein Geschäft für jeden

Auch wenn es oft behauptet wird, doch MLM ist definitiv kein Business für jeden. Zwar kann grundsätzlich jeder im Multi-Level-Marketing mitmachen, doch **für Erfolg benötigt es auch hier zwingend die richtige innere Einstellung**, wie bspw. Geduld, Beharrlichkeit, Kontinuität, Lernbereitschaft, lösungsorientiertes Denken und Eigenmotivation.

2. Ein Schneeballsystem

Nein, seriöse MLM Vertriebe funktionieren nicht nur im Winter, sondern auch im Sommer. Kleiner Spaß.

Seriöse MLM-Vertriebe:

- haben echte Endkundenprodukte,
- zahlen nur das Geld aus der verdienten Handelsmarge,
- sind ein **langfristiges** Geschäftsmodell, welches sogar ohne weitere Distributoren und selbst bei rückläufigen Umsätzen funktioniert,
- zahlen nur Provisionen auf Umsatz und keine Kopfgeldprämien,
- ermöglichen das Produkt (auch) direkt zu vermitteln.

3. Unethisch

Wenn Du einen Film gut gefunden hast und diesen Film anschließend an bspw. einen Kumpel – nennen wir ihn Paul – weiterempfiehlst, ist es dann ethisch und korrekt das der Kinobetreiber an Deiner Empfehlung verdient, doch Dir dafür keinen einzigen Cent bezahlt? Und dies obwohl ohne Deine Empfehlung kein Umsatz entstanden wäre?

Fair wäre natürlich, wenn das Kino Dir dafür wenigstens eine Direktprovision geben würde und Dich so am Umsatz beteiligt.

Doch was ist, wenn nun wiederum Deine direkte Empfehlung Paul, bei lediglich einer direkten Umsatzbeteiligung, tatsächlich auch eine Empfehlung an z.B. Anna tätigt, welche Du ggf. sogar selber empfehlen wolltest? Paul würde dann die Provision erhalten aber Du würdest leer ausgehen. Ist das fair? Natürlich nicht, denn ohne Deine Empfehlung hätte auch Paul nicht den Film gesehen und nicht anschließend begeistert an Anna weiterempfohlen. Genau hier greift der MLM Vertrieb, indem es Dich sowohl an **direkten Empfehlungen, wie auch an indirekten Empfehlungen** – je nach Vergütungsplan auf bis zur unendlichen Tiefe – beteiligt.

Wer sich daher ernsthaft mit Network-Marketing beschäftigt wird feststellen, dass es eines der ethisch reinsten Geschäftsmodelle ist welche es gibt, da der Endverbraucher mit am Umsatz des Unternehmens beteiligt wird und dies zudem außergewöhnlich fair.

In den USA wird der MLM Vertrieb u.a. von staatlichen Institutionen wie der Federal Trade Commission (FTC) [12] und vom Internal Revenue Service (IRS)[13] anerkannt und überwacht. Einige MLM-Unternehmen werden zudem an der Börse gehandelt und müssen damit eine besondere Transparenz für die Investoren einhalten.

---

[12] https://de.wikipedia.org/wiki/Federal_Trade_Commission
[13] https://de.wikipedia.org/wiki/Internal_Revenue_Service

4. Ein schlechtes Business

Ist Multi-Level-Marketing ein schlechtes Business, wenn:

- viele MLM-Firmen zu den 100 schnellst wachsenden Unternehmen der „New York Stock Exchange and Fortune's" in den USA zählen?

- Menschen dank dieses Geschäftes ein zusätzliches Nebeneinkommen oder gar Vollexistenz erzielen?

- ohne hohe Kapitalausstattung und ohne Angestellte ein (zusätzliches) Einkommen aufgebaut werden kann?

- Frauen genauso viel verdienen dürfen wie Männer?

- es weltweit keine geographische Begrenzung gibt?

- es manche Distributoren aus der Armut heraus und ohne Schulabschluss bis zu mehrfachen Multi-Millionären geschafft haben?

Eindeutig deutet nichts darauf hin das MLM Vertrieb ein schlechtes Business ist, sondern die Frage ist eher: **Welches Business bietet noch so viele Vorteile, Freiheiten und langfristige Möglichkeiten wie der MLM Vertrieb?**

Wo kann gleichzeitig mit so wenig Einsatz und Risiko verhältnismäßig so viel erreicht werden?

Meine Meinung - als diplomierter Kaufmann: Ich kenne kein anderes Geschäftsmodell, wo mit so wenig Einsatz von finanziellen Mitteln und ganz ohne Mitarbeiter so ein hoher finanzieller Output realistisch möglich wäre. Gleichzeitig so viele weiche attraktive Faktoren bietet, wie u.a. durch das Passive Einkommen und die damit verbundenen außergewöhnlichen Vorteile.

5. Etwas wo nur die da oben verdienen

Richtig ist: Die Upline partizipiert an den Umsätzen der Partner mit, genauso wie bspw. Manager in einem klassischen Unternehmen an der Leistung der Angestellten mitpartizipieren, welches zum Gesamterfolg des Unternehmens beiträgt.

Im Gegensatz aber zur klassischen Wirtschaft und ihren Pyramidenstrukturen, wo also in der Spitze immer weniger Menschen sitzen und somit von der Breite der Allgemeinleistung profitieren, **kann es im MLM Vertrieb jeder nach oben schaffen.** Dabei hat der Sponsor (Upline) zudem ein natürliches Interesse am langfristigen Erfolg seiner Partner, denn Stühle weg sägen, wie in klassischen Unternehmen, gibt es im MLM Vertrieb nicht.

Durch dieses gemeinsame Interesse, ist im Übrigen auch die Partnerschaft und Zusammenarbeit im MLM generell sehr freundlich und kumpelhaft, denn jeder will für den anderen nur das Beste.

Zudem ist es generell gar nicht nötig auf die obersten Positionen des jeweiligen Vergütungsplans aufzusteigen, um dennoch mehr zu verdienen als diejenigen welche den Karriereplan schon bis nach oben durchlaufen haben. Denn, diejenigen welche fleißiger sind und mehr sponsern oder einfach besser sind, erhalten z.B. bei einem Differenzvergütungsplan so auch höhere Margen auf die direkten Linien und können dadurch selbst mit weniger Abschlüssen mehr verdienen.

Während in der klassischen Wirtschaft also tatsächlich die an der Spitze der Pyramide das meiste Geld verdienen, ist dies im MLM nicht immer der Fall, denn es wird nach Leistung bezahlt und nicht nach Position.

6. Ein Glücksspiel

Jede Art von Business ist sich in dem Punkt gleich das es keine Garantie auf Erfolg gibt. Dennoch hat Network-Marketing den Vorteil, dass ein bereits erfolgreiches System einfach nur noch kopiert und dupliziert werden braucht und somit die **Erfolgswahrscheinlichkeit wesentlich höher ist als im klassischen Unternehmertum**. Wo es immer ein extrem hohes Wagnis ist ob z.B. eine komplett neue Idee sich am Markt oder neue Produkte durchsetzen. Geschweige, schnell genug genügend Umsatz generiert wird um Angestellte, Produktionsmaschinen, Büro und Co refinanzieren zu können.

Zudem gibt es keine Risiken wie Kredite oder Kündigungsfristen von Angestellten, denn all dies benötigt ein Distributor im Multi-Level-Marketing nicht.

Wer zudem fleißig im MLM Vertrieb ist, kann, ganz im Sinne das Glück des Tüchtigen, seine Erfolgswahrscheinlichkeit auf Erfolg sukzessive steigern. Im klassischen Lotto hingegen ist die Chance auf den Jackpot, meines Wissens nach, bei etwa 1 zu 10 Millionen.

7. Ein schnell reich werden Business

Zwar gibt es, wie im klassischen Business auch, im Multi-Level-Marketing Menschen welche sehr schnell viel Geld im MLM verdient haben, doch typisch ist es nicht.

Lässt man allerdings das schnell weg, dann kann man durchaus sagen, das es möglich ist, im MLM Vertrieb, langfristig reich zu werden. Die erfolgreichsten Networker konnten bisher bis zu knapp 0,5 Milliarden Dollar, knapp 500 Millionen, an Provisionen im Network-Marketing generieren. In der Regel sind Network-Millionäre allerdings schon seit Jahrzehnten in ein und demselben Unternehmen aktiv.

8. Mit Garagen Käufen eindecken

Es gibt in der Branche einige MLM Vertriebe welche von ihren Partnern eine Startausrüstung verlangen, welche je nachdem von 10 € bis zu vierstelligen Beträgen liegen. Pflicht ist dies allerdings im MLM Vertrieb nicht und jeder sollte für sich persönlich selber entscheiden welches Unternehmenskonzept ihn am besten zusagt.

9. Ein Zwang zum Abonnement um für Provisionszahlungen berechtigt zu sein

In vielen MLM Vertrieben ist ein gewisser Eigenumsatz tatsächlich obligatorisch. Doch auch hier kann man sich sein MLM-Unternehmen selbst aussuchen. Wenn jemand bspw. viele Produkte so oder so direkt verkauft, dann wird er wohl auch nichts dagegen haben wenn er diese Produkte zum Einkaufspreis für sich bestellt, um sie dann später mit Gewinn zu verkaufen.

Wer hingegen Student ist oder über kein oder ein sehr geringes Einkommen verfügt, sollte sich vielleicht nicht unbedingt für eine MLM-Firma entscheiden wo bspw. monatlich 100 € an Eigenumsatz verlangt werden, sondern entweder eine Firma nehmen welche geringere Eigenumsatzverpflichtungen voraussetzt oder wo ggf. ganz auf Eigenumsatz verzichtet wird.

10. Kein professionelles Business

In der Tat ist es so dass, eben weil jeder im MLM Vertrieb so einfach mitmachen kann, auch viele genauso dieses Geschäft betreiben, also wie ein Hobby und nicht ernsthaft. **Schließlich hat man ja nichts zu verlieren**.

Ein klassischer Unternehmer hat natürlich hier schon allein aufgrund des allgemein hohen Kredits, welchen er aufgenommen hat, einen ganz anderen Druck auch zu Potte zu kommen. Doch wer sein MLM nur wie ein Hobby betreibt, der wird damit auch immer nur wie mit einem Hobby verdienen, d.h. nichts oder sogar oben draufzahlen.
Zudem ist es so, dass die meisten das MLM Business nebenberuflich betreiben und somit auch bereits zufrieden sind nur einige hundert oder tausend Euro im Jahr zusätzlich durch den Direktvertrieb zu erzielen.

14. Wie lassen sich schwarze Schafe erkennen?

Im Network-Marketing, und Du ahntest es wahrscheinlich bereits und vielleicht hast Du sogar schon die Erfahrungen gemacht, ist nicht alles Gold was glänzt. Auch ich bin damals, in den ersten Jahren, bei der Suche nach dem richtigen Unternehmen, etliche Male nacheinander auf die Nase gefallen.

Es ist extrem ärgerlich, wenn man bei einem MLM-Unternehmen startet, es mühsam aufbaut und endlich nach einigen Jahren langsam und stetig steigend wachsende Dynamik in der Struktur entsteht und somit auch das Einkommen sukzessive wächst und plötzlich alles wie ein Kartenhaus zusammenbricht.

Daher, ist dieses Kapitel so wichtig, damit Du möglichst von Beginn an bei einer Firma einsteigst, wo sich auch Dein Einsatz lohnt und nicht nach kurzer Zeit wieder die Luft draußen ist.

12 Tipps zum Enthüllen von Abzockerfirmen

Wenn Du auf der Webseite der Firma **kein Impressum** vorfindest, ist die Wahrscheinlichkeit sehr groß, dass die Firma etwas zu verbergen hat und somit im Vorfeld von Betrug auszugehen.

Übrigens, herrscht in Deutschland Impressumpflicht, ganz egal ob es sich um ein Unternehmen mit deutschem Sitz, Zweitniederlassung handelt oder ob lediglich die Absicht besteht aus dem Ausland, z.B. aus den USA, in Deutschland geschäftlich aktiv zu werden. Wer also kein Impressum angibt handelt kriminell und kann somit nicht seriös sein. Lediglich bei privat betriebenen Seiten ohne kommerzielle Absichten könnte auf ein Impressum verzichtet werden.[14]

Nicht weniger schnell und einfach auffällig ist es, wenn zwar ein Impressum angegeben ist, doch dort **Steuerparadiese** wie Dubai, Malta und Co hinterlegt sind. Zwar ist dieses grundsätzlich erlaubt, doch kenne ich bisher keine einzige Firma der Branche und auch nicht bei klassischen Unternehmen, jenseits des Network-Marketings, welche solch eine Adresse im Impressum vorweisen.

Nachdem Du das geprüft hast, würde ich Dir empfehlen die Produkte zu beleuchten. Was wird vertrieben? Haben die Produkte einen echten Mehrwert? Oder sind es höchst **fragwürdige Produkte**, wie bspw. E-Books, (überteuerte) Coachings-Kurse oder einfach um editierte Produkte, welche ggf. woanders viel günstiger angeboten werden?

Eine an sich einfach zu erkennende Abzocke, welche aber leider bei vielen Laien immer wieder funktioniert, weil **es viel zu schön klingt um nicht wahr zu sein**, sind angebliche **Produkte welche von alleine Geld verdienen** würden. Hier wird an die Faulheit der Leute und an die Gier adressiert. Klassiker sind dabei z.B. **Kryptowährungen**, Forex und andere Dinge, welche vermeintlich von selbst astronomische „sichere“ Renditen einbringen.

Fakt ist, bisher hat noch keines dieser Produkte funktioniert, weder im MLM, noch sonst wo.

Vor einigen Jahren gab es in diesem Zusammenhang z.B. die Pseudobranche **Revshares** und diverse Fakefirmen wie u.a. Beonpush, MyAdvertisingPays, GetProfitAdz, Starad24.

---

[14] https://www.e-recht24.de/artikel/datenschutz/209.html

Geworben wurde in diesen Fällen allgemein mit Werbepaketen welche man kaufen konnte und welche von allein Profite generieren sollten oder indem man sich dazu einfach Werbeanzeigen von Dritten ansehen müsste. Letztendlich hatten diese Systeme mit Network-Marketing absolut nichts zu tun, sondern waren versteckte Ponzis und Schneeballsysteme.

Im **Trading- und Forex**-Bereich gibt es diesen Taschenspielertrick der versteckten Ponzis ebenso, wie in den vergangenen Jahren u.a. diverse Fakefirmen wie Questra, Recyclix, Evo Binary.

Auch im Zuge des Krypto Hyps drängten viele Betrüger und Abzocker auf den Markt, wie u.a. OneCoin, Cryptogold, Bitclub Network.

Im Übrigen, muss man dabei kein Finanzexperte sein um in diesem Zusammenhang die oft abenteuerlichen Aussagen bzgl. Rendite schnell ins Land der Märchen abzutun. Denn Warren Buffett ist und bleibt mit circa 20% durchschnittlicher Rendite im Jahr der erfolgreichste Investor der Welt. Selbst die erfolgreichsten Trader der Welt, wie Larry Williams, kommen nicht annähernd an seine „langfristige" Performance heran.

Wenn Dir also jemand mehr Rendite verspricht sei höchst skeptisch, denn mit einer Wahrscheinlichkeit von annähernd 100% ist es somit Abzocke.

Schon gar nicht können solchen Renditen „sicher" sein. Selbst Warren Buffet, wohlgemerkt der mit Abstand erfolgreichste Investor dieses Planeten, hat bei seiner Performance große Schwankungen.

Ungeachtet dessen, dass man in Deutschland als Vertriebspartner generell erst eine gesonderte Zulassung benötigt um Anlageprodukte überhaupt vermitteln zu können.

Besonders Anfänger lassen sich leider oft von solchen Produkten ködern, da sie glauben das Geld verdienen wäre dort leichter. Übrigens, ich machte in meinen ersten Jahren denselben Fehler und verlor dadurch viele tausende Euro und musste gleichzeitig immer wieder erneut bei null anfangen.

Wird vom **einfachen Geld verdienen oder gar (schnell) reich werden** gesprochen? Wie bspw.: „Du brauchst nichts zu tun." oder „Die Produkte verkaufen sich von selbst." oder „Wir bauen Deine Downline auf." oder „Wir schreiben Dir Leute drunter", dann solltest Du ebenso schnell das Weite suchen. Denn solche Aussagen sind unseriös und damit ebenso auch die Firma.

Recherchiere auch möglichst vorab über die **„Führungskräfte". Wenn diese z.B. zuvor bei verbotenen Systemen wie Schneeball oder Ponzi** mitgemacht haben, ist es meistens so, dass diese Leute auch in Zukunft nicht vor haben auf ehrliche Art und Weise Geld zu verdienen. Wohlgemerkt und bitte nicht falsch verstehen, Fehler machen kann natürlich jeder, doch wenn immer und immer wieder top Leute bei Betrügereien mitmachen, dann kann es kaum ein Zufall sein, sondern ist ein Indiz für bewusstes kriminelles Verhalten. Die Erfahrung zeigt, dass Betrüger häufig immer wieder dieselbe Masche fahren.

Ist die **Firma eine eingetragene Gesellschaft**, wie z.B. eine Aktiengesellschaft (AG) [15] oder GmbH? [16] Oder z.B. nur eine Ltd oder UG? Letztere lassen sich nämlich schon für nur einen Dollar/Euro gründen. Im Gegensatz zur GmbH oder AG, wo mindestens 25.000 Euro hinterlegt werden müssen.

---

[15] https://de.wikipedia.org/wiki/Aktiengesellschaft
[16] https://de.wikipedia.org/wiki/Gesellschaft_mit_beschränkter_Haftung_(Deutschland)

Bei einer Ltd oder UG haben die Gründer also nicht nur wesentlich weniger zu verlieren, sondern bekommen auch von Investoren wesentlich schwerer Kapital eingesammelt, d.h. die Anschubfinanzierung ist wesentlich aufwendiger. Nicht weiter überraschend also, dass diese Unternehmensformen auch, eben weil es kaum etwas zu verlieren gibt, von Betrügern mit großem Abstand bevorzugt werden. Noch unsicherer als Ltd oder UG ist natürlich gar keine eingetragene Gesellschaft.

Werden **Starterkits verkauft welche in der Spitze mehrere tausend Euro kosten?** Fakt ist, die meisten seriösen MLM's haben nur Selbstbesteller-Startersets von maximal ein paar hundert Euro. Daher muss auch dies allein genommen kein Beweis für Betrug sein, doch es ist ein weiteres Indiz, welches zusätzliche Vorsicht bedeutet.

Geld verdienen ist nur über das anwerben neuer Mitglieder möglich, nicht aber durch Produktverkauf? Im Network-Marketing muss auch immer „nur" der Verkauf gegeben sein, ansonsten würde die Firma spätestens bei der Sättigungsphase in sich zusammenbrechen und somit wäre es ein verbotenes Schneeballsystem. Wichtig: „Langfristig" bringt immer der echte Endkunde stabile Umsätze und nicht das reine Partneranwerben.

Extrem hohe Provisionen? Bedenke immer, dass auch die Firma irgendwo noch Geld verdienen muss, daher werden im Network-Marketing je nach Produktportfolio generell nicht viel mehr als um die 50% ausgezahlt. Hohe Provisionen sind zudem oft immer ein Indiz für minderwertige Produkte, welche sonst nicht anders verkauft werden könnten.

Prüfe wenn möglich die **Bilanz der Firma**, wie bspw. unter bundesanzeiger.de. Dadurch kannst Du nicht nur wichtige

Bilanzkennzahlen ermitteln, sondern auch mehr zu den Gründern erfahren.

Firma unter 5 Jahre alt? Egal ob schwarzes Schaf oder nicht, Network-Marketing Firmen welche noch keine 5 Jahre alt sind überleben zu weit über 95% nicht einmal ein halbes Jahrzehnt. Unternehmen hingegen, welche bereits diese extrem riskante Zeit überstanden, haben ein nur noch geringes Ausfallrisiko. Daher ist einer der besten Tipps wie Du Dich vor schwarzen Schafen und Enttäuschungen bzgl. scheiternden Network-Marketing-Firmen schützen kannst, einfach ein Unternehmen zu selektieren das bereits bewiesen hat, das es sich auf dem Markt behaupten kann und gegen den Wettbewerb erfolgreich durchzusetzen vermag. So habe ich es auch gemacht und nach all den langjährigen Enttäuschungen, ähnlich wie Warren Buffett, agiert, nämlich statt eines riskantes Start-Ups, mich für eine Art „Blue-Chip“[17]-Unternehmen mit stabilen Wachstumsahlen zu entscheiden.

Fazit

Es gibt einige hilfreiche Indizien schwarze Schafe in der Branche zu identifizieren. Leider aber handeln sehr viele Menschen, so wie ich damals auch, sehr blauäugig und machen sich vorab nicht einmal die Mühe ein MLM-Unternehmen zu prüfen. Auch ich war lange Zeit wohlgemerkt sehr naiv und zu gutgläubig, indem ich anderen blind vertraute.

Wenn Du als Networker ernsthaft erfolgreich werden möchtest, dann kann ich Dir nur **empfehlen, vorab genau die Firma zu checken**, sowie ggf. auch die Führungskräfte, Produkte, Webseite, Provisionen und Einstiegspakete, um Dir auch indirekt ein besseres Bild bzgl. der

[17] https://de.wikipedia.org/wiki/Standardwert

Seriosität des Unternehmens zu machen. Dies kostet zwar etwas Zeit und Mühe aber andernfalls wirst Du später mit hoher Wahrscheinlichkeit umso mehr kostbare Zeit, Geld und Nerven verlieren und vielleicht sogar Freunde und Bekannte.

15. Gibt es eine Garantie auf MLM-Erfolg?

Immer wieder kommt es zu Anfragen von potentiellen Neustartern im MLM ob die Upline Erfolg im MLM garantieren könne. Daher werde ich in diesem Beitrag darauf zu sprechen kommen ob Garantien auf Erfolg im MLM möglich sind oder lediglich reine Fiktion darstellen.

Auch ich hatte schon des Öfteren Anfragen von potentiellen Networkern der Art: „Kannst Du mir garantieren, dass ich mit MLM erfolgreich werde?“ oder „Kannst Du mir garantieren, dass ich nach x Monaten Summe xy verdiene?“ Nun, bevor ich auf die Beantwortung der Frage eingehe, möchte ich erst einmal darauf zu sprechen kommen wie es in der klassischen Wirtschaft als Arbeitnehmer ausschaut.

Beispiel Studium und Berufschancen

Kann jemand bspw. einem Studenten garantieren das dieser nach dem Studium eine Arbeit findet? Nein! Und wenn der Student auf die beste Hochschule der Welt geht, ist dann eine Garantie auf Arbeit möglich? Nein! Ganz egal, ob jemand bspw. für sein Studium zehntausende oder gar hunderttausende Euro ausgibt und ob eine Elitehochschule besucht wurde oder nicht und ganz egal wie gut die Noten des Studenten auch sein mögen, eine Garantie auf Einstellung hat niemand nach dem Studium!

Fakt ist allerdings: Je besser die Ausbildung und je besser die Noten, umso generell höher ist die Wahrscheinlichkeit, dass der Student anschließend eine Arbeitsstelle findet und dabei gleichzeitig tendenziell umso bessere Einkünfte erreicht! So liegt bspw. die Erwerbslosenquote bei Akademikern in Deutschland nur bei etwa 2,3%. [18] Mit

[18] https://www.spiegel.de/wirtschaft/soziales/deutschland-arbeitslosenquote-bei-akademikern-so-niedrig-wie-seit-1980-nicht-a-1172328.html

Berufsabschluss oder/und Fachschulabschluss schon mehr als doppelt so hoch, bei etwa 5%.
Ohne Berufsabschluss hingegen liegt die Quote bei 19%. Wie man also sieht, es gibt zwar keine Garantien auf Beschäftigung, doch deutlich zu erkennen ist: **Fleiß zahlt sich in der Regel aus!** Ich spreche in diesem Zusammenhang immer gern **„vom Glück des Tüchtigen„**! Mit **Engagement** und **Ausdauer** steigen also grundsätzlich auch die Erfolgschancen.

Dennoch, eine Garantie auf Einkommen nach der Ausbildung, ganz egal wie gut der Abschluss und wie hoch die Qualifikation, ist nicht möglich!

Garantien auf Einkommen im MLM

Ganz ähnlich wie in der klassischen Wirtschaft verhält es sich im MLM. Auch hier kann Dir niemand Erfolg garantieren, alles andere wäre eine Lüge. Denn es ist bspw. theoretisch möglich das niemand Geschäftspartner wird oder das von den gesponserten Menschen sich niemand dupliziert. Vielleicht geht sogar die Firma in Zukunft insolvent bzw. verschwindet vom Markt. Vielleicht wird sogar in der Zukunft MLM komplett verboten.

Letzteres ist natürlich erfreulicherweise sehr unwahrscheinlich, doch soll nur ein mögliches Beispiel dafür sein was theoretisch passieren könnte und dass man nicht alles zu 100% in der eigenen Hand hat, wie eben überall im Leben.

Das schöne ist aber auch hier – ähnlich wie in der klassischen Wirtschaft als Angestellter -, das mit **Fleiß und Ausdauer die Chancen auf Erfolg rapide steigen**! Wer also gibt dem wird auch in der Regel gegeben!

Selbst wenn man womöglich hunderte Dinge falsch macht aber nicht aufgibt, wird man unweigerlich besser und erfahrener werden und so nicht dabei rumkommen sich sukzessive in die richtige Richtung zu entwickeln.

Fazit

Garantien auf Erfolg gibt es grundsätzlich nirgends auf der Welt! Doch zum großen Teil hat Erfolg auch unweigerlich immer etwas mit der eigenen Persönlichkeit zu tun! Wer fleißig ist und nicht so schnell aufgibt ist auch in der Regel erfolgreich. Dies beweisen Zahlen aus der klassischen Wirtschaft – Menschen die am längsten lernen sind am seltensten ohne Beschäftigung. Selbst Menschen welche die meisten Lottolose kaufen sind auch diejenigen welche generell am häufigsten den Jackpot knacken, auch hier also das Gesetz der Wahrscheinlichkeit bzw. das Glück des Tüchtigen. Dieselbe Gesetzmäßigkeit herrscht auch im Multi-Level-Marketing.

16. Die unterschätzte Relevanz der eigenen Vorbildfunktion

Was im MLM leider viel zu oft komplett unterschätzt wird, ist die eigene Vorbildfunktion, denn **Deine (zukünftigen) Partner machen generell nie das was Du sagst, sondern dass was Du selber vorlebst.**

Wenn Du also z.B. online erfolgreich neue Partner gewinnst, wird ein neuer Partner generell ebenso Deine dafür verwendeten Tools verwenden wollen.

Aber eben **nicht nur Deine verwendeten „Arbeits"-Werkzeuge werden gerne kopiert, sondern eben auch Dein Verhalten.** Und daher ist es so fundamental, dass Du selber genau das machst, was Du von Deinen Teampartnern erwartest bzw. wie Du Dir einen „perfekten" Partner wünscht.

Hierzu nur ein Beispiel: Wie würde es Dir gefallen, wenn Du einen Sponsor hättest der ständig – ohne plausiblen Grund – das MLM-Business wechselt? Würdest Du Dich bei einer solchen Person gut aufgehoben fühlen? Würdest Du überhaupt einer solchen Person vertrauen können? Wäre es nicht naheliegend, dass diese Art von Sponsor nicht eventuell schon im nächsten MLM-Geschäft versucht Deine Struktur mit ins Boot zu holen, sofern Du Dich eventuell zukünftig gegen einen Wechsel entscheidest? Vor allem was für einen Eindruck würde ein solcher Sponsor auf Dich machen? Wirkt eine derartige Person so als würde sie planvoll und strategisch ein MLM-Unternehmen aufbauen? Macht solch eine Person überhaupt den Eindruck Multi-Level-Marketing verstanden zu haben?

Seltsamerweise gibt es in der MLM-Branche viele dieser Leute welche ständig ihr Multi-Level-Marketing-Business wechseln. Nicht selten liest man dann dazu auch noch in Hochglanzbroschüren – was der Laie nicht weiß, diese Anzeigen wurden natürlich im jeweiligen Magazin von derselben Person gebucht (PR-Marketing) – das gerade mal wieder Top-Networker xy in ein neues Unternehmen einsteigt. Wie bspw.: „Sensation! Top-Networker xy steigt überraschend zu Unternehmen xy ein!“

Eventuell ist es auch von diesen angeblichen Top-Networkern – jeder kann sich ja einfach so nennen bzw. nennen lassen – die einzige Marketing-Idee um Aufmerksamkeit zu erlangen. Wie dem auch sei, würdest Du mit einer solchen Person, wenn Du wüsstest, dass diese genauso regelmäßig das MLM-Business wie Unterhosen wechselt, gerne zusammenarbeiten wollen?

Ich persönlich schätze es in jedem Fall einen Sponsor zu haben welcher sich auf ein Unternehmen 100% konzentriert! Einen Sponsor auf den ich mich verlassen kann, dass er nicht (ständig) fremd geht bzw. mit anderen MLM-Unternehmen liebäugelt! Einen Sponsor der seine Energie auf ein Multi-Level-Marketing und Team fokussiert und somit auch im jeweiligen Unternehmen jederzeit voll im Bilde ist! Sowohl was zum Beispiel die eigenen Produkte betrifft, das Backoffice der Firma oder funktionierende Akquise-Techniken für neue Kunden und Partner.

Einen Sponsor hingegen der mehrere MLM-Unternehmen gleichzeitig tätigt bzw. ständig wechselt, ist in meinen Augen schlicht inkompetent. Hat Multi-Level-Marketing offensichtlich nicht verstanden. Ist ein schlechtes Vorbild und sich seiner Führungsrolle durch „gutes Beispiel voran“ anscheinend absolut nicht bewusst!

Und wie ist es mit Dir?

Sich über andere zu beschweren und zu beklagen ist ja bekanntlich immer ein leichtes. Gerne werden all zu oft die eigenen Partner kritisiert oder der Sponsor. Doch wie sieht es mit Dir aus? Bist Du ein gutes Vorbild für Deine Partner, indem Du Deine Konzentration auf ein MLM-

Business 100% fokussierst? Oder machst Du vielleicht mehrere MLM gleichzeitig bzw. wechselst regelmäßig, da es immer wieder ach so „tolle“ neue Network-Unternehmen mit ach so schönen (neuen) Versprechungen gibt?
Wenn dem so ist, dann brauchst Du Dich nicht darüber wundern, wenn viele Partner Dir, als vermeintliches Vorbild, nacheifern und dessen Energie dann ebenso schlicht verpufft, da sie eben alles nur ein bisschen aber nichts richtig machen! Zur Erinnerung: **Egal was Du Deinen Partnern sagst, sie werden immer nur das machen was Du selber vorlebst!**

Du brauchst dann auch nicht darüber irritiert sein, dass es aus allen Ecken der Szene ggf. Getuschel gibt in der Art: „Ah, der Herr/Frau … , der macht doch einen ganzen Bauchladen!“ oder „Ah ja, der Herr/Frau …, der nie etwas durchzieht und noch aufhört bevor er überhaupt erst angefangen hat!“ etc.. Für Dein langfristiges Branding hat dies dann also ebenso negative Auswirkungen.

Du brauchst Dich dann auch nicht darüber zu wundern, wenn Deine eigenen Partner Dir (ständig) versuchen ein neues MLM-Business schmackhaft zu machen!

Deine Taten machen Dich zum Vorbild und nicht Superlative und (plumpe) Motivationssprüche.

Wie oben schon erwähnt, es gibt ja so viele angebliche Top-Networker! Komisch, dass diese vermeintlichen Vollprofis so häufig regelmäßig das Multi-Level-Marketing-Business wechseln! Fakt ist, irgendwann merkt auch der letzte – einige gibt es natürlich immer -, dass man mit solchen Windhunden kein dauerhaftes Business aufbauen kann.

Doch Du solltest Dich weniger auf Deinen Sponsor und Upline konzentrieren, als vor allem auf Dich! Sei selber ein gutes Vorbild in

Deinem Tun und Handeln und immer genau so wie Du Dir selber einen Sponsor wünschen würdest! Dies fängt damit an, dass Du **Deine Energie auf ein Network-Marketing-Business bündelst und nicht auf mehreren Hochzeiten gleichzeitig tanzt!**

Nur wenn Du Deine Energie konzentrierst, kannst Du damit, ähnlich wie mit einem Brennglas, die nötige Energie freisetzen um erfolgreich zu werden. Halbherzige Tätigkeiten hingegen bleiben immer nur ein Hobby und kosten dann eben auch immer nur Geld, wie es nun mal bei einem Hobby üblich ist. Willst Du also nur ein Hobby betreiben oder ernsthaft ein Business aufbauen? **Es reicht nicht es nur ernsthaft zu wollen, sondern Du musst es auch ernsthaft angehen.**

Im Übrigen, um überhaupt im MLM erfolgreich zu werden, gibt es nur den einen Weg der vollen Konzentration auf ein MLM-Geschäft! Gucke Dir dazu wirklich erfolgreiche Leute der Szene an und Du wirst feststellen, dass diese Menschen jeweils zu 100% ihre Energie auf ein Network-Marketing fokussieren!

Nicht zuletzt, weil MLM auch ein Geschäft ist das wesentlich von Vertrauen und zwischenmenschlichen Beziehungen lebt, ist die eigene Vorbildfunktion so fundamental für (dauerhaften) Erfolg im Multi Level Marketing!

Ich habe z.B. schon Partner im Team gehabt welche grandios gestartet sind und bereits nach nur wenigen Monaten ein vierstelliges nebenberufliches Einkommen aufbauten und sich prächtig entwickelten. Plötzlich, und aus welchen Gründen auch immer, wurden sie für eine zweite Firma aktiv, was natürlich auch die Partner mitbekamen. Die Umsätze in dieser Linie brachen daraufhin rapide zusammen. Warum? Zu einem, weil das Vertrauen der Team-Partner in diesen Menschen, durch diese Aktion, extrem gesunken ist. Zudem, sie dadurch verstärkt selbst den Glauben an das Geschäft verloren. Ganz nach dem Motto: „Warum hat es mein Sponsor nötig ein zweites Network zu betreiben?", „Verdient er nicht genug?", „Hört er bald auf?", „Ist das andere Geschäft besser?" Und nicht zuletzt, weil daraufhin viele Partner ebenso das Verhalten adaptierten, also auch mehrere Networks betrieben.

Die Vorbildfunktion ist daher einer der wichtigsten Schlüssel für Erfolg im Network-Marketing und kann den entscheidenden Unterschied ausmachen.

17. Ist es besser sich darauf zu konzentrieren neue Vertriebspartner anzuwerben oder Kunden zu gewinnen?

Die Frage ist gar nicht mal so einfach und schon gar nicht pauschal zu beantworten. Denn die Wahrheit ist, je nach individueller Situation und Zielsetzung gibt es verschiedene Empfehlungen.

Wenn Du zum Beispiel möglichst schnell nennenswerte Summen im Network-Marketing verdienen möchtest geht es allgemein am schnellsten im Direktvertrieb, also durch Kundengewinnung.

Dies liegt einfach daran, weil zu einem die direkten Provisionen generell wesentlich höher sind, als die Vergütungen auf Dein Team. Zum anderen, kann es lange dauern bis Du Partner anbindest welche auch wirklich aktiv werden.

Wenn Du gar durch Network-Marketing nur ein paar hundert Euro im Nebenberuf verdienen möchtest, ist oft der Direktvertrieb, realistisch gesehen, der Weg, wo Du, mit weniger Zeiteinsatz, dieses Ziel schneller erreichen kannst.

Hierzu nur ein Beispiel: Stelle Dir vor für die Vermittlung von Produkt x erhältst Du eine durchschnittliche direkte Abschlussprovision, am Kunden, von 100 Euro. Mit nur zwei Empfehlungen im Monat hättest Du also schon einen Zusatzverdienst von 200 Euro.

Wenn Du dieses Ziel hingegen durch Network-Marketing erreichen wolltest und z.B. durchschnittlich auf Dein Team eine Differenzabschlussprovision von 10 Euro erhalten würdest, bräuchtest Du schon zwanzig Aufträge im Team um 200 Euro Provision zu generieren. Grundsätzlich natürlich nicht viel, doch musst Du eben erstmal Partner gewinnen, welche diese Leistung bringen. Dies kann manchmal ziemlich schnell gehen, aber in den meisten Fällen eben müssen erstmal viele „Frösche geküsst werden“ um echte Geschäftspartner anzubinden und daher ist es gerade zu Beginn nicht zu empfehlen sich alleine auf die Leistung (zukünftiger) Partner zu verlassen.

Vor allem müssen diese Partner ja erstmal gewonnen werden, wieviel Budget und Zeit brauchst Du dafür also?

Wenn Du hingegen schon durch Direktvertrieb etwas Geld verdienst, kann Dir dies anschließend dazu verhelfen noch schneller und einfacher Partner anzubinden, indem Du einen Teil Deiner Direktprovisionen in Marketing reinvestierst, um Dein Business zu promoten.

Darüber hinaus ist es bei einigen Vergütungsplänen so, dass Du Anfangs nicht auf Deine Strukturumsätze beteiligt wirst, z.B. in einem Differenzvergütungsplan – erst ab der zweiten Stufe Differenz auf Linien möglich – oder in einem Binärvergütungsplan – erst ab mindestens zwei direkt gesponserten Partnern.

Doch auch aufgrund der Vorbildfunktion ist es vom Vorteil selber zuerst „nur“ direkte Kunden anzubinden, da dies immer noch der schnellste und einfachste Umsatz ist und sich somit generell auch schneller und einfacher im Team duplizieren lässt.

Darüber hinaus kannst Du dadurch weitere indirekte Produkterfahrungen sammeln und diese z.B. von Deinen Kunden anschließend als Testimonial verwenden – natürlich nur nach Erlaubnis – und so später noch einfacher Dein Business erweitern, indem Du diese positiven Kundenfeedbacks einsetzt. Deine Erfolgsquote wird also dadurch je potentiellen Teampartner noch besser sein.

Einige zufriedene Kunden, welche vom Produkt begeistert sind, werden später auch Teampartner und sind aufgrund ihres Werdegangs, also aus Überzeugung für das Produkt, generell besonders authentisch und vertrauenswürdig, wodurch sie dann oft auch bei der Partnergewinnung überdurchschnittliche gute Ergebnisse generieren. Ich kenne selber viele Networker welche erst nur Kunden waren.

Wie Du also siehst, es gibt viele gute Gründe Direktvertrieb zu betreiben, also Kunden zu gewinnen, zumindest zu Beginn des Geschäftes.

„Langfristig“ betrachtet hingegen bietet natürlich der Partneraufbau wesentlich mehr Potential, zu einem was das Einkommen betrifft, als auch den damit verbundenen möglichen Lifestyle durch das Passive Einkommen.

Allerdings, ist es nach meinen Erfahrungen aufwendiger, wenn man nur über den Teamaufbau geht und meistens dauert es dann auch wesentlich länger bis erste Provisionen fließen, geschweige nennenswerte Summen erreicht werden. Daher ist eine Kombination generell immer das Beste, also eine Mischung aus Direktvertrieb und – wenn man das MLM perspektivisch hauptberuflich betreiben möchte – Teamaufbau.

Bei mir im Team ist es so, dass viele der erfolgreichsten Partner anfangs erstmal „lediglich“ Kunden gewonnen haben. Darüber dann oft schon den ein oder anderen Teampartner und anschließend einen Teil der ersten Einnahmen reinvestiert haben ins Marketing. Durch zusätzlich die positiven Testimonials von Kunden und die verhältnismäßig schnellen Einkommensergebnisse, konnten wiederum gut andere Leute relativ einfach überzeugt und begeistert werden.

Da dann wiederum viele dieser Partner dieses Verhalten kopieren – hier sind wir wieder beim Thema „Vorbild“ – generieren diese Leute generell je neues Team-Mitglied auch einen überdurchschnittlichen guten Umsatz. Nicht zuletzt auch natürlich dadurch, dass sie selber aus dem FF beherrschen neue Kunden zu gewinnen und typische Fragen von potentiellen Kunden inkl. passende Antworten, welche sie dann z.B. ihren Partnern auch direkt als Leitfäden zur Verfügung stellen, wodurch diese eine hohe Erfolgsquote generieren.

18. Wie erkläre ich MLM am besten für potentielle Partner?

Dadurch das MLM in Deutschland, ebenso in nahezu allen anderen Ländern der Welt, erfreulicherweise noch weitestgehend unbekannt ist, kommt häufig die Frage auf: „Was ist MLM?“ Eine kurze Antwort-Möglichkeit dazu wäre: „MLM ist die Weiterempfehlung von Produkten durch unabhängige Partner direkt an den Endkunden. Mit der Option eine Verbraucherstruktur nicht nur direkt, sondern zusätzlich indirekt auf mehrere Ebenen aufzubauen. Daher die Begrifflichkeit MLM, welches Multi-Level-Marketing bedeutet. Mehrstufige Vermarktung und Umsatzbeteiligung.“

Oder Du sagst: „Hast Du schon mal einen guten Film weiterempfohlen?“

Antwort: „Ja, klar.“

Du: „Siehst Du, prinzipiell genau das ist das was wir machen. Nur mit dem Unterschied, dass dabei nicht nur das Kino finanziell profitiert, sondern auch wir beteiligt werden.“

So kannst Du es Dir unkompliziert halten und dann z.B. für ergänzende Infos einfach auf eine passende Webseite leiten, wo der Interessent sich dazu ein ausführliches Video ansehen kann.

Doch Du kannst es natürlich auch ausführlich erläutern. Problem ist dabei, das viele vorher aussteigen werden, d.h. irgendwo nicht mehr gedanklich mitkommen.

Du: „Du kennst doch McDonalds und Burger King, richtig?“

Antwort: „Ja, na klar.“

Du: „Sicherlich ist Dir bekannt das beide Unternehmen extrem erfolgreich sind. Wusstest Du allerdings, dass Du ebenso ein McDonalds Restaurant aufmachen könntest?“

Antwort: „Nein, das wusste ich bisher noch nicht.“
Du: „Vielleicht fragst Du Dich jetzt warum McDonalds es Dir prinzipiell überhaupt erlaubt ebenso ein Restaurant aufzumachen und was deren Nutzen dabei wäre, richtig?“

Antwort: „Genau.“

Du: „Nun, McDonalds erhält an Deinem generierten Umsatz einen festen Bestandteil und muss gleichzeitig keine eigenen Investitionen in die Filiale oder in das Marketing vor Ort stecken. Doch weißt Du was der Haken dabei ist?“

Antwort: „Nein.“

Du: „Du bräuchtest etwa 800.000 Euro bis 1 Million Euro für eine solche Gründung.[19] Zudem ist **das Geschäft nicht beliebig skalierbar**, es sei denn Du bist bereit weitere Filialen als Franchisenehmer zu betreiben. Doch **was wäre, wenn Du quasi ebenso wie McDonalds sowohl Franchisenehmer, als auch Franchisegeber sein könntest und so Dein Business sukzessive weiter skalieren könntest**? Wäre doch prinzipiell sehr interessant oder?“

Antwort: „Ja, das wäre großartig.“

Du: „Und genau hier kommt MLM ins Spiel. Denn im Gegensatz zum Franchising hast Du **nicht nur das Recht Franchisenehmer zu sein, sondern kannst ebenso – wie McDonalds – weitere Franchisenehmer angliedern**.
Dem nicht genug, ist das Geschäftskonzept so fair, das Deine direkt angebundenen Franchisenehmer und dessen angebundenen Franchisenehmer ebenso dasselbe Recht bekommen. Dadurch kannst Du Dir ein **nahezu unendliches Netzwerk aus Filialen aufbauen und wirst an diesem wachsenden Netzwerk und somit wachsenden**

[19] https://www.mcdonalds.com/de/de-de/ueber-uns/franchise-modell.html

Umsatz beteiligt, also ganz so als wärst Du selber McDonalds. Daher nennt man **MLM auch häufig virtuelles Franchise**.
Und weißt Du was das Beste beim Network Marketing ist?“

Antwort: „Nein.“

Du: „Du brauchst dabei, **im Gegensatz zum klassischen Franchise, keinen Kredit, sondern das Business kann generell schon für (null bis) wenige hundert Euro gestartet werden.** Bedeutet, es gibt faktisch (so gut wie) **kein finanzielles Risiko und dennoch ist das Verdienstpotenzial im Network Marketing gleich hoch, und sogar noch höher, als wäre man nur Franchisenehmer**. Kennst Du ein faireres Geschäft?“

Antwort: „Nein.“

Finalfrage dann von Dir: „Warum bist Du dann bisher noch nicht im Network Marketing aktiv?“

Du brauchst die Sätze natürlich oben nicht auswendig zu lernen, sondern es geht vor allem darum es in der Erläuterung zu verstehen zu vermitteln. Mit Franchising können viele Leute etwas anfangen und wenn nicht, dann eben mit vielen der bekannten Firmen. Wenn es so erläutert wird sind nicht nur viele positiv neugierig, sondern es kommt erfolgserprobt und seriös rüber, eben weil viele bekannte Marken diesen Vertriebsweg bereits nutzen.

Ergänzen kannst Du das ganze natürlich indem Du es visuell – sofern möglich – verständlicher machst. Wichtig dabei, niemals eine Pyramide oder eine Schneeballstruktur zu zeichnen, denn so wirst Du generell ein falsches Bild vorlegen zu illegalen Systemen und Leute kommen dann schnell auf Gedanken wie: „Ah, das ist doch eines dieser typischen Schneeballsysteme.“ Male stattdessen lieber Kreise, welche sich unterschiedlich nach links und rechts und oben und unten verteilen, dieses Bild ist den Leuten allgemein geläufiger, weil sie es so bspw. von Filial-Ketten wie Aldi, Netto, H&M, Aral und Co kennen.

19. Totschlagargumente gegen MLM

Es gibt viele vermeintliche Totschlagargumente gegen MLM. Meistens von denjenigen ins Leben gerufen welche eine Ausrede suchen nicht zu beginnen oder schlicht aus Unwissenheit. In diesem Kapitel werden wir uns einer der typischen „Argumente“ widmen.

Man muss immer zu Beginn dabei sein

Solltest Du eine solche oder ähnliche Aussage hören, könntest Du z.B. darauf Folgendes antworten: „Rückblickend gesehen ist es natürlich ähnlich wie an der Börse. Wer wäre z.B. nicht gerne bei Amazon oder Google von Beginn an dabei gewesen. In der Praxis allerdings sind nur die wenigstens erfolgreichen Partner seit Beginn dabei, sondern oft erst viele Jahre später eingestiegen.

Denn Profis wissen, dies gilt sowohl an der Börse, wie auch im Network-Marketing, das die möglichen höheren Wachstumschancen bei einem jungen Start-Up generell nicht im Verhältnis zum (Ausfall-)Risiko stehen.

Daher wurde z.B. auch einer der reichsten Menschen und Investoren der Welt „Warren Buffett“ nicht mit Investitionen in junge Unternehmen wohlhabend, sondern durch stabile Unternehmen mit „langfristigem“ Wachstumspotential.“

Da verdienen nur die da oben

„In der klassischen Wirtschaft ist es leider tatsächlich so, dass an der Spitze der Hierarchie das meiste Geld verdient wird. Ganz oben stehen generell die Manager und ganz unten, finanziell gesehen, die Putzfrauen.

Im MLM hingegen gibt es kein unten und oben und schon gar nicht gefestigte Positionen. Jeder kann durch Fleiß, Kontinuität und Kreativität seine eigene Position sukzessive verbessern. Und sogar seinen Sponsor oder einen anderen Empfehlungsgeber der Linie finanziell überholen und dieselbe und überdies eine höhere Position erarbeiten.

Da nach Leistung bezahlt wird, verdienen sogar oft die Partner in vermeintlich kleineren Positionen mehr, weil sie z.B. mehr direkte Linien gesponsert haben und deshalb höhere Differenzprovisionen erhalten."

Wenn MLM tatsächlich funktioniert, dann würde es jeder machen!?

Kennst Du auch die folgende Aussage: „Wenn MLM funktionieren würde, dann würde es doch aber jeder machen!?" Ich habe sie in jedem Fall schon mehrmals gehört.

Fangen wir mit einem einfachen Beispiel an: Wenn **Obst und Gemüse** gesund wären und man sich dadurch besser fühlt und sogar langfristig frischer und schöner aussieht, dann würde es doch jeder essen, nicht wahr? Zweites Beispiel: Wenn ein **Abitur** generell höhere Jobperspektiven bieten würde als bspw. ein Realschulabschluss, dann würde es doch jeder machen, nicht wahr? Und ein drittes und letztes Beispiel: Wenn **Sport** gesund wäre, man sich dadurch gleichzeitig wesentlich besser fühlen könnte, man leistungsfähiger wäre und dabei sogar so ganz nebenbei zusätzlich etwas Positives für sein Selbstbewusstsein tun würde, dann müsste es doch jeder machen, nicht wahr?

Wir alle kennen die eindeutige und klare Antwort! Ja, Obst und Gemüse sind gesund und haben große Vorteile! Und ja, wir wissen sicherlich genauso gut alle, dass ein höherer Schulabschluss generell die entscheidende Weiche für spätere möglichst positive Berufschancen bietet! Und wir wissen ebenso wohl alle, das Sport unverzichtbar wichtig für Körper, Geist und Gesundheit ist! Und trotzdem wissen wir, dass sich nur wenige Menschen gesund ernähren. Statt Obst und Gemüse, lieber zu Fastfood und Fertiggerichten greifen. Nur wenige Menschen bereit sind – trotz der wesentlich besseren Karriereperspektiven – länger die

Schulbank zu drücken. Nur wenige Menschen sich regelmäßig sportlich betätigen usw..

Doch warum ist es so, warum entscheiden sich Menschen überhaupt gegen einen eindeutigen objektiven Vorteil?

Nun, wir Menschen sind nun mal keine Computer – zum Glück -, sondern entscheiden auch **irrational** und durch **Emotionen getrieben**. Bei der Ernährung mag es Bequemlichkeit und Gewohnheit sein. Bei der Bildung, mag es pure Faulheit oder/und die Ungeduld sein, um länger die Schulbank zu drücken und hingegen lieber schnell Geld verdienen zu wollen. Beim Sport mag es ebenso schlicht Faulheit oder/und Lustlosigkeit sein. Warum fangen sonst wohl nur so viele Menschen – besonders nach Neujahr – im Fitnessstudio an, um schon wenige Tage später wieder aufzuhören? Definitiv, rational betrachtet, absolut unlogisch! Sie hätten es genauso gut auch gleich sein lassen können!

Es ist also eindeutig, **in allen Bereichen des Lebens treffen Menschen regelmäßig falsche und unlogische Entscheidungen!** Ganz ähnlich ist es im MLM. Warum arbeitet nicht jeder in dieser Branche? Wenn doch nachweislich damit tausende von Menschen ein zusätzliches Einkommen erzielen. Wenn doch nachweislich jeder mit einer kleinen Investition auf mtl. Taschengeldniveau ein stetig wachsendes Passives Einkommen aufbauen kann. Wenn doch nachweislich es wesentlich mehr Spaß macht hauptberuflich im MLM zu arbeiten und den Lifestyle zu genießen, als in einem klassischen 40h-Wochenjob. Und sogar objektiv, sind Menschen im MLM generell wesentlich psychisch stabiler, zugleich selbstbewusster und in ihrer Persönlichkeit weiterentwickelt, als gewöhnliche Angestellte. Wie kann es dann also möglich sein, dass wenn MLM tatsächlich nachweislich so gut funktioniert und so viele Menschen so erfolgreich und glücklich in dieser Branche sind, dass bisher nur so wenige in dieser genialen Industrie, mit ihren fantastischen Möglichkeiten und Vorteilen, tätig sind?

Auch hier wird es wohl ebenso am häufigsten wieder – wie beim fehlenden Abitur, Fitness und Ernährung – **der eigene Schweinehund** sein! Nicht die Bereitschaft aufzubringen den Preis des Erfolges zu zahlen, welcher bedeutet lern bereit zu sein und bspw. am Abend, statt um 20:15 Uhr vorm TV zu hocken, mit seinen Geschäftspartnern und Interessenten zu telefonieren. Und neben diesem Grund, welches wohl der häufigste sein wird um im MLM nicht anzufangen, wird es in der Regel wohl auch in vielen Fällen schlicht Unwissen sein. Denn nur wenige kennen MLM, viele andere hingegen kennen es nicht oder meinen lediglich es durch andere zu kennen und nicht wenige davon verwechseln es sogar mit illegalen Systemen – wie bspw. dem verbotenen „Schneeballsystem" oder/und dem „Pyramidensystem".

Doch es ist letztendlich nicht wichtig, was andere Menschen tun und meinen, wichtig ist nur welche Entscheidung man selber trifft! Genauso wie man eigenverantwortlich die Entscheidung treffen muss, sich gesund zu ernähren, sich sukzessive weiterzubilden und sich durch Sport fit und gesund zu halten und somit letztendlich auch besser zu fühlen. So muss man auch – oder unterlässt es halt – eigenverantwortlich die Entscheidung im MLM selber in die eigene Hand nehmen.

Fakt ist, das MLM eine rational absolut richtige Entscheidung ist, genauso wie mehr Obst und Gemüse zu essen, sich sportlich zu betätigen und einen höheren Schulabschluss zu erwerben! Es mag aber immer Leute geben, die auch hier eine oder/und mehrere Ausreden finden. Ausreden um die eigene Schuld und Fehler auf andere zu schieben, war schon immer ein Trick für die eigene Psyche um die Verantwortung von sich selber wegzulenken. Und wohl gemerkt, das Motiv resultiert schlicht sehr oft aus dem eigenen Schweinehund.

Anders formuliert, hat die Bereitschaft und der Erfolg im MLM vor allem etwas mit dem eigenen Charakter zu tun. **Wie im Fitnessstudio,**

genügt es nicht lediglich anzufangen! Trotzdem und obwohl jedem bewusst, werden viele nur den Start meistern und kurz danach frühzeitig aufgeben! Dies gilt ebenso auch bei der Ernährung und in der Bildung. Doch nur derjenige der regelmäßig am Ball bleibt kann letztendlich sein Ziel erreichen! Klarer ausgedrückt, Fitness nicht nur anfangen, sondern regelmäßig ins Studio gehen. So werden sich langsam Ergebnisse einstellen und die Fitness kann gesteigert und das Aussehen des Körpers optimiert werden. Nicht nur Abi anfangen, sondern regelmäßig lernen und durchhalten. Nur so wird letztendlich auch der Abschluss erreicht werden. Und genauso reicht es nicht aus nur ein Mal oder unregelmäßig etwas Obst und Gemüse zu essen, wenn man damit vernünftige Ergebnisse erzielen will.

Also, zurück zur Frage: „Wenn MLM funktionieren würde, dann würde es doch aber jeder machen!?“ **Eben genau das nicht, weil Menschen nun mal Menschen bleiben und das absolut gut so ist!** Ganz im Gegenteil, würde jeder MLM machen, dann würde man im MLM auch nicht solch große Erfolge erzielen können und somit so große Vorteile fürs Leben zu erarbeiten. Ähnlich ist es im Sport. Würde jeder Sport machen, wären alle Menschen noch mehr sexy. Und somit gleichzeitig noch mehr Konkurrenten für diejenigen welche sich jetzt schon vorbildlich fit halten. Würden alle Abitur machen, wäre das Abi ebenso weniger wert, da es einfach inflationiert werden würde usw.. Es ist also gut so wie es ist. Wichtig ist nur, dass man versteht warum und so für sich selber eine vernünftige Entscheidung trifft!

Eine Entscheidung eben genau <u>nicht</u> mit dem Blick auf das was die Masse macht, sondern **auf das was die wenigen machen welche das haben was man selber gerne hätte.** Wer bspw. im Sport durch Fitness das Ziel hat besser aussehen zu wollen, sollte sich ein Beispiel an den Menschen nehmen welche regelmäßig trainieren und wie sie trainieren und nicht an den über 90% welche nicht trainieren. Ganz ähnlich ist es im MLM: Wer hier erfolgreich werden möchte, sollte sich ein Beispiel an den Menschen nehmen welche regelmäßig neue Teampartner an ihr Geschäft anbinden.

Network-Marketing funktioniert bei mir nicht

Einer meiner Teampartner – es ist schon einige Jahre her – kam auf mich zu und sagte mir (Gedächtnisprotokoll): „Matthias, irgendwie funktioniert Multilevel-Marketing bei mir nicht!“ Folglich fragte ich ihn wie er auf solch eine Einschätzung käme und er erzählte mir, dass bspw. niemand bei ihm richtig aktiv werden würde.

Daraufhin fragte ich ihn, was er denn selber bisher für seinen Erfolg getan hätte und die Antwort war sinngemäß: „Na aktuell nichts, weil ja meine Partner auch nicht wirklich was tun!“ Man muss dazu sagen, er hatte zu diesem Zeitpunkt nur einen Teampartner gesponsert – dieser stammte aus seiner Namensliste!

Anschließend fragte ich ihn dann, wie er sich MLM vorstelle, denn offensichtlich hatte er die utopische Vorstellung, dass es schon genüge lediglich einen Teampartner zu gewinnen und sich dann zurückzulehnen. Ich stellte daraufhin fest, dass er tatsächlich eine komplett unrealistische Erwartungshaltung von diesem Business hatte! So ganz nach dem Motto: „Sponser zwei und sei frei!“

Nachdem ich ihm etwas zu u.a. der 20%-Regel erzählt hatte, also das sich nur etwa 20% der Partner überhaupt im MLM duplizieren, fragte ich ihn, was er denn aktuell machen möchte um sein Geschäft weiter voran zu bringen. Daraufhin erhielt ich Antworten wie: „Na ja, also Geld für Werbung ausgeben kann ich nicht, da ist meine Frau dagegen. Zeit habe ich auch nicht, denn ich muss ja arbeiten. Meine Namensliste möchte ich auch nicht weiter angehen, denn da sind eh nur Pfeifen darunter.“

Daraufhin fragte ich ihn, wie er sich dann vorstelle sein MLM-Business aufzubauen, wenn er weder Zeit, noch Geld investieren möchte. Und er sagte mir dann erneut: „Ich weiß auch nicht, ich glaube Network-Marketing funktioniert bei mir nicht!"
Ja, tatsächlich, mit dieser Einstellung funktioniert Network-Marketing garantiert nicht! Dies wäre bei mir, mit selbem Mindset, nicht anders!

Auf was ich hinaus möchte: „Network-Marketing funktioniert 100% und das nahezu weltweit und bei etlichen MLM-Unternehmen erwiesener maßen seit Jahrzehnten!" **Was aber oft nicht funktioniert sind die Menschen, weil sie nicht die richtige Einstellung für Erfolg mitbringen!**

MLM kann, ähnlich wie im Fitnessstudio, immer nur eine Grundlage darstellen und jeder entscheidet letztendlich selber was er daraus macht. Es gibt diverse Fitnessstudios mit unterschiedlichen Geräten, doch man kann überall Ergebnisse generieren. So ist es ebenso im Multi-Level-Marketing, d.h. jede Firma funktioniert zwar etwas anders, aber wenn die Firma erfolgreich ist, kann auch dort prinzipiell jeder Resultate erzielen.

Weder im Network-Marketing, noch in der klassischen Wirtschaft, im Sport oder wo auch immer im Leben wird man ohne die richtige Einstellung Erfolge generieren können! Nur wer kontinuierlich das Richtige tut und sich fokussiert wird nach und nach unweigerlich Ergebnisse erzielen!

20. Diese 5 Dinge tun alle erfolgreichen Networker

Gibt es einen guten Grund warum einige Networker erfolgreich sind? Gibt es eine Art Gesetzmäßigkeit oder Erfolgs-Formel welche sie alle vereint? Top-Networker sind weniger verschieden als die meisten denken, denn sie tun generell sehr ähnliche Dinge.

1. Sukzessive sponsern

Wenn Du Networker kennen lernst welche schon viele hunderte bis tausende Partner aufbauen konnten, dann wirst Du feststellen, dass diese allgemein **kontinuierlich sponsern**.

Mit dem kontinuierlichen Sponsern steigt natürlich auch die Wahrscheinlichkeit – Gesetz der Zahl – wirklich ernsthafte Geschäftspartner zu gewinnen. Bei mir ist es bspw. bis heute so, und es war in allen Vergütungsplänen und bei allen Produkten jeweils etwa gleich, dass die 20/20-Regel nahezu immer aufgeht. Leider habe ich diese Regel bisher noch in keinem Network-Marketing-Buch oder MLM-Literatur vorgefunden, doch es ist sehr wichtig, in meinen Augen, diese Gesetzmäßigkeit zu kennen, um zu einem das Business besser zu verstehen und auch gleichzeitig Enttäuschungen zu vermeiden.

Denn leider ist es oftmals so, dass selbst sehr erfolgreiche Networker die Illusion des Schemas 2x2x2x2 vorgaukeln, welches, pardon, totaler Blödsinn ist. **In der Praxis hingegen können wir davon ausgehen, das aus jeweils 10 direkt gesponserten Partnern sich lediglich im Durschnitt 2 duplizieren** – der Rest wollte nur mal reinschauen, ist von der Konkurrenz um zu spionieren, hat es sich morgen schon wieder anders überlegt, Katze ist krank usw.. Bedeutet also, Du brauchst jeweils etwa mindestens 5 direkte Partner für Duplikation.

Wichtig dabei, auch diese Partner welche sich duplizieren und fürs erste offenbar das Business ernst nehmen, werden größtenteils wieder nach kurzer Zeit aufhören, weil u.a. schlicht die Geduld fehlt. So kommt es, dass Du etwa damit rechnen kannst – denke bitte an die 20/20-Regel – dass bei jeweils 50 gewonnen Teampartnern 2 echte Geschäftspartner entstehen werden, welche zumindest längerfristig dabei sind.

Ich habe über meine Zahlen – von mittlerweile über 1.000 gesponserten Erstlinien – genau Buch geführt und festgestellt, dass aus jeweils 100 Firstlinern so 4 gute Partner entstehen. Gute Partner sind für mich all diejenigen welche mindestens schon dutzende und hunderte Kunden oder/und Partner ebenso direkt gewonnen haben, also wissen wie es geht.

Doch selbst von diesen vier direkten Partnern, welche selber direkt dutzende bis hunderte Kunden oder/und Teampartner gewinnen, wird später der ein oder andere – nach einigen Monaten oder Jahren - aussteigen, so dass „langfristig" vielleicht zwei aus hundert direkten dabeibleiben werden. Das mag vielleicht ernüchternd klingen, doch grundsätzlich brauchst Du ja erfreulicherweise in keinem Vergütungsplan mehr als zwei direkte Partner und hast dabei zudem keinerlei Zeitdruck.

Erfolgreiche Networker kennen vermutlich diese Zahlen und daher ist es ihnen bewusst, dass sie viele Partner gewinnen müssen um die richtigen anzubinden.

Alle mir bekannten Top-Networker sponsern jeden Monat mehre Partner und die erfolgreichsten generell im Durchschnitt sogar jede Woche mindestens einen neuen Partner. Als ich damals bspw. mal einen Zeitungsartikel von einem bekannten Top-Networker las, indem er darüber berichtete, dass er in 20 Jahren etwa 600 Teampartner direkt sponsern konnte, war dies für mich persönlich zu der Zeit noch der

Wahnsinn. Doch als ich es mir durchrechnete stellte ich fest, dass dies „nur“ etwa 2,5 neue Partner im Monat sind.

Dies war damals mein Minimalziel und ich habe festgestellt, wenn eine Firma funktioniert, kann allein diese Leistung bereits ausreichen um sich in einigen Jahren ein hauptberufliches Einkommen im MLM aufzubauen.

Allerdings, braucht es dabei doch einiges an Glück bzgl. der Geschwindigkeit – siehe 20/20-Regel – und man sollte daher besonders zu Beginn versuchen mehr Partner zu sponsern, um schneller die ersten echten Geschäftspartner zu finden. Später kann man dann etwas Gas rausnehmen und dies wirst Du auch später müssen, da allein für die bestehenden Personen dann mehr Zeit von Dir eingeplant werden muss, welche Deine Unterstützung brauchen.

Frage an Dich: Sponserst Du regelmäßig neue Partner?

2. Marketing System

Um allerdings überhaupt regelmäßig Partner zu sponsern brauchst Du natürlich ein Marketing-System. Hast Du ein System das Dir regelmäßig und kontinuierlich neue potentielle Teampartner zuführt? Mein Team und ich generieren bspw. aus durchschnittlich 30 Leads 1 bis 3 Teampartner. Je mehr Traffic wir also auf die Landingpages schicken, umso mehr Leads und umso mehr Teampartner entstehen.

Ich kenne keinen erfolgreichen Networker der sein Business nur aus der Namensliste aufgebaut hätte. Alle Top-Partner nutzen die Reichweite jeweils weit über ihre Namensliste hinaus, wie u.a. PR-Werbung, Werbung in Fachmagazinen, Social-Media usw..

Inwieweit diese Werbung dabei für Anfänger geeignet und duplizier bar ist, ist ein anderes Thema. So ist bspw. eine Anzeigenannonce in einem

MLM-Magazin für Summe 4.500 € sicherlich nur für wenige realistisch durchzuführen.

Doch Fakt ist, alle erfolgreichen Networker wissen genau wie sie an weitere neue potentielle Teampartner kommen, sie haben also ein Marketing System.

Nutzt Du auch bereits ein Marketing System, welches Dir kontinuierlich neue potentielle Teampartner generiert?

3. Fokus

Nicht unwesentlich und oft unterschätzt ist die Relevanz des eigenen Fokus. Beobachte auch dazu einfach erfolgreiche Networker. **Wie viele erfolgreiche Networker kennst Du welche mehr als ein MLM-Business betreiben?** Ich mache es kurz: Ich kenne keinen einzigen. Warum? Allein schon aufgrund der Vorbildfunktion.

Außerdem bringt es viel mehr sein Marketing in einem Bereich zu optimieren und so sich dabei zu spezialisieren, als auf mehreren Hochzeiten zu tanzen. So versuche ich bspw. kontinuierlich die Conversions auf meinen Landingpages zu verbessern. Dadurch profitieren wiederum auch meine Teampartner und somit letztendlich auch ich.

Des Weiteren erfordert bereits „nur“ ein MLM-Business viel Zeit, allein schon um stetig auf dem Laufenden zu bleiben, Schulungen anzufertigen, Unterstützung auf- und auszubauen usw..

Last but not least, stelle Dir vor Du hast einen Anruf: „Hallo Herr/Frau…, ich habe ihre Geschäftspräsentation gesehen. Wo kann ich mich anmelden?“ Wenn Du jetzt erstmal raus finden müsstest von welchem Business überhaupt gesprochen wird, würde dies Deine Abschlussquote immens schaden. Die sind nur einige wenige Beispiele dazu, warum erfolgreiche Networker aus gutem Grund immer 100% auf ein MLM fokussiert sind und schon zwei MLM kontraproduktiv wären.

Wie viele MLM betreibst Du? Wirklich 100% eines richtig oder befindest Du Dich auf mehreren Hochzeiten gleichzeitig? Mehre MLM zu betreiben bedeutet automatisch auch nur alle halbherzig ausführen zu können und somit wird jedes lediglich immer ein Hobby bleiben.

4. Produkte nutzen

Alle mir bekannten erfolgreichen Networker nutzen selbstverständlich in erster Linie auch ihr Produkt selbst. Diese oberste Regel kennt auch jeder gute Verkäufer, wie sonst sollte er von etwas selber überzeugt sein, damit Erfahrungen gesammelt haben und authentisch wirken. Wenn Du bspw. bei Mercedes ein Auto kaufst, welches Auto fährt dann der Verkäufer? Genau, einen Mercedes. Wenn Du Klamotten im Laden xy kaufst, welche Klamotten haben dann auch die Verkäuferinnen?

Im MLM hingegen habe ich schon häufiger die Frage bekommen: „Muss ich das Produkt denn auch selber benutzen?“ Ich sage den Leuten dann gleich, dass **wenn sie sich nicht mit dem Produkt identifizieren können, es definitiv das falsche Business ist.**

In der Vergangenheit habe ich gelernt das, nicht weiter überraschend, nahezu alle Partner welche nicht selber das Produkt nutzten nicht erfolgreich waren. Wie soll auch jemand der nicht das Produkt nutzt auf Fragen von potentiellen Kunden und Teampartnern richtige Antworten geben können?

Zudem kommt, dass das Unterbewusstsein ständig klingelt und sagt: „Du bist doch nicht mal selbst vom Produkt überzeugt und bereit es zu nutzen. Wenn Du schon nicht bereit bist es zu nutzen, warum sollen es dann erst andere tun?"

Dies ist auch der Grund warum ich persönlich immer als erstes auf das Produkt schaue. Ich habe lange nach einer MLM-Firma gesucht, wo ich bereit war das Produkt in 1. Linie als Kunde zu nutzen und mich somit auch voll und ganz damit identifizieren kann. Nur so kann man authentisch, glaubwürdig und überzeugend sein.

Nutzt Du also Deine Produkte selbst? Und wenn, nutzt Du sie nur weil Du bspw. jeden Monat Deinen Eigenumsatz erzielen musst oder aus echter Überzeugung?

5. Duplizierbarkeit

Schön und gut, wenn Du vielleicht bereits monatlich oder gar jede Woche neue Partner gewinnst, doch wenn Dein System nicht oder kaum für andere kopierbar ist, dann kannst Du auch genauso gut „nur" Direktvertrieb machen und wirst mehr verdienen.

Dies ist auch der Grund warum Dir **jeder erfolgreiche Networker immer und ohne Ausnahme zuerst die Namensliste** empfehlen wird. Warum? Weil es keine andere Methode gibt welche schneller und mit höherer Wahrscheinlichkeit neue Partner und Kunden generiert. So haben z.B. dank der Namensliste Partner in meinem Team bereits im ersten Monat mehrere dutzende Kunden direkt gewinnen können. Wie viel Werbebudget oder/und Zeit würde es hingegen erfordern, um ein selbes Ergebnis durch Werbung zu erreichen?

Bitte verstehe mich nicht falsch, natürlich kann man online unendlich viele potentielle Teampartner und Kunden gewinnen, doch es braucht dafür eben immer entweder Werbebudget oder die Investition von viel Zeit. Und beides sind nur wenige Menschen bereit einzusetzen, daher wird und ist die Namensliste immer das beste Mittel für erste Erfolge und somit Duplikation. Und es gibt auch keinen schnelleren Weg für erste Erfolge als die Namensliste.

Daher empfehle auch ich jedem Teampartner zuerst die **Namensliste** einzusetzen, denn hier **benötigt es kein Werbebudget um erste Ergebnisse zu erzielen und demzufolge schnell erste wichtige Erfolgserlebnisse.** Diese ersten Provisionen können dann wiederum (zum Teil) genutzt werden um in Werbung zu reinvestieren.

Stelle Dir bspw. vor Du hättest ein Produkt das sich gut verkaufen lassen würde und worüber es realistisch ist allein über die Namensliste und schon im 1. Monat dutzende Aufträge zu erzielen? Was würde dies für Dich an direkten Abschlussprovisionen einbringen und erst recht, wenn Partner Dir anschließend als gutes Beispiel folgen, an Teamprovision ausmachen?

Dumm wäre es also, Partnern diese Option nicht zu zeigen. Vor allem wenn der Partner anschließend, als gutes Vorbild, dies auch an seine zukünftigen Partner weitergeben kann. Ganz nach dem Motto: „Seht her, bei mir hat es auch geklappt. Ich weiß wie es geht. Einfach nachmachen."

Neben der klassischen Namensliste und unseren erfolgserprobten Leitfäden haben wir zudem ein System entwickelt welches ich bereits seit Jahren einsetze und so bereits über 1.000 Erstlinien gewinnen konnte.

Dieses System nutzen ebenso viele Partner von mir und generieren, wie ich, dadurch kontinuierlich neue Anbindungen. Und nicht wenige davon konnten darüber schon dreistelligen Firstlines im 1. Jahr aufbauen und mehrere Partner hunderte Anbindungen realisieren.

Dies ist Duplizierbarkeit par excellence und mein Traum Partnern einen duplizier baren Weg sowohl offline, als auch online aufzeigen zu können, ist endlich Wirklichkeit geworden. So dass der Erfolg letztlich nur noch am Partner selbst liegt.

Wie ist es bei Dir? Ist Dein System bzw. das System Deiner Upline wirklich duplizierbar oder ist alles lediglich Theorie? Fakt ist: Jeder erfolgreiche Networker hat generell auch ein duplizierbares System, ansonsten hätte er keine größere Struktur in die Tiefe aufbauen können.

Fazit

Nach meinen Beobachtungen und Erfahrungen haben erfolgreiche Networker Gemeinsamkeiten welche nicht von ungefähr sind und in diesem Kapitel näher erläutert wurden. Es beginnt beim **sukzessive sponsern**, wozu es zwingend ein **Marketing System** benötigt.

Wichtig dabei ist sich **auf ein MLM zu fokussieren** und sich dort zu spezialisieren und natürlich so auch durch Vorbild zu führen und glaubwürdig zu sein. Dabei ist man selbstverständlich auch selbst **überzeugter Eigenkonsument der Produkte**.

Last but not least, ist für MLM Erfolg immer auch die **Duplikation ein Schlüssel zum Erfolg** und dabei stellt die Namensliste jeweils einen wichtigen Faktor dar, welcher zu oft weit unterschätzt wird.

Es sollte dabei, neben der klassischen Namensliste, weitere duplizier bare Ansätze geben, welche idealerweise die bereits erfolgreichen Networker ebenso regelmäßig einsetzen, um kontinuierlich weitere potentielle Partner und Kunden zu gewinnen.

21. Warum Du nicht jeden sponsern solltest

Die meisten Uplines empfehlen leider ihren Networkern jeden zu sponsern. Ganz nach dem Motto: „Du weißt nie wie sich jemand entwickelt." Grundsätzlich ist dies zwar absolut richtig, allerdings wenn Du bereits klar im Vorgespräch merkst das jemand z.B. eine komplett unrealistische Vorstellung vom MLM hat. Oder nicht bereit ist Leistung zu zeigen. Oder einfach eine Schnarchnase ist, dann halte Dich lieber gleich von solchen Leuten fern.

Bitte nicht falsch verstehen, es können wunderbare Menschen sein, doch geschäftlich gesehen halten Dich solche Leute nur auf. **Für mich sind Menschen welche eh nicht bereit sind das nötige zu tun schlicht Zeitdiebe.** Und die Zeit ist bekanntlich das wertvollste Gut welches wir haben.

Selbst wenn Dir diese Leute eventuell etwas Umsatz einbringen, da sie z.B. zumindest das Einstiegspaket bereit sind zu kaufen, solltest Du möglichst Deine Energie, nach dem Pareto-Prinzip,[20] vor allem auf die 20% konzentrieren welche 80% Deines Umsatzes einbringen und nicht 80% Deiner Energie auf die Leute konzentrieren welche nur 20% Deines Umsatzes einbringen. Weniger ist also auch hier mehr. Oder wie man auch gerne in diesem Zusammenhang sagt: „Qualität schlägt Quantität."

In der Anfangszeit meiner MLM-Karriere war ich über jeden Partner im Team glücklich, doch mittlerweile, sofern ich vorher ein Interview durchführe, lehne ich auch Zusammenarbeiten dankend ab. Ich tue damit im Übrigen nicht nur mir selber einen Gefallen, sondern auch dem potentiellen Einsteiger, denn das Geschäft ist selbstverständlich – wie alle anderen Geschäfte und Berufe der Welt - nicht für jeden das Richtige und dies sollte man dann auch offen sagen und begründen. Die meisten Leute sind einen dafür dankbar.

Übrigens, solltest Du auch dann auf eine Zusammenarbeit im Vorhinein verzichten, wenn Dir jemand unsympathisch ist bzw. die Chemie einfach nicht stimmt.

[20] https://de.wikipedia.org/wiki/Paretoprinzip

Das ist doch gerade auch einer der Vorteile im Multi-Level-Marketing im Vergleich zu einer klassischen abhängigen Beschäftigung, wo Leute groteskerweise meistens den Großteil ihrer Lebenszeit mit den Leuten zusammen verbringen welche sie eigentlich gar nicht mögen. Im Network-Marketing kannst Du, ebenso wie Deine potentiellen Teampartner, bestimmen mit wem Du zusammenarbeiten möchtest und mit wem hingegen nicht.

Damit Du bereits im Vorfeld möglichst die richtigen Leute gewinnst, empfehle ich Dir bei einem potentiellen Geschäftspartner, der sich z.B. online zum Einstieg bei Dir beworben hat, folgende Fragen zu stellen:

1. Was möchten Sie im Network-Marketing erreichen?
2. Wo möchten Sie in 12 Monaten stehen?
3. Was begeistert Sie am Network-Marketing?
4. Was begeistert Sie an unserem Unternehmen besonders?
5. Was qualifiziert Sie Ihrer Meinung nach für diese Tätigkeit?
6. Was können Sie pro Woche an Zeit investieren?
7. Bestimmen Sie selber über Ihre Finanzen oder jemand anderes - Frau etc.?
8. Was können Sie im Monat an Budget investieren?
9. Was erwarten Sie bei einer Zusammenarbeit von uns?
10. Was kann Sie davon abhalten Ihre Ziele zu erreichen?
11. Was sind Ihre Schwächen?

Es geht also darum die Motivation herauszufinden, sein Wieso, Weshalb und Warum. Du solltest dabei auch gleich vorab direkt klarstellen, dass Du der Boss bist und sich die Person bei Dir bewirbt und nicht umgekehrt.

Oft hingegen verhalten sich Networker wie Bittsteller, als wenn sie anderen dankbar dafür sein müssten, wenn jemand bei ihnen einsteigt.

Wenn Du ein guter Sponsor bist, kann sich jeder glücklich schätzen mit Dir zusammen zu arbeiten und das kannst Du auch nach außen deutlich machen und solltest Du sogar. Natürlich nicht indem Du arrogant auftrittst, sei immer nett. Aber indem Du eben ab Beginn klar vermittelst wie die Positionen verteilt sind.

Doch natürlich solltest Du auch immer Deinen eigenen Mehrwert für einen potentiellen Teampartner kennen, denn es ist durchaus möglich, dass der ein oder andere Dir die Frage stellt: „Was macht Sie für mich zum idealen Ansprechpartner?“ Du könntest daraufhin dann z.B. sagen, dass Du einer der wenigen bist welche genau wissen wie es funktioniert kontinuierlich neue Partner und Kunden zu gewinnen.

Falls Du zu diesem Zeitpunkt ggf. noch nicht so erfolgreich sein solltest, kannst Du diese Gespräche natürlich auch mit z.B. Deinen Sponsor zusammen in einer 3-er-Konferenz führen. In diesem Fall also stellst Du Deinen Sponsor als den idealen Ansprechpartner dar.

Allein schon wenn Du die obigen Fragen stellst, werden viele Bewerber positiv überrascht sein und Du Dich damit klar von anderen Networkern unterscheiden, welche jedem am liebsten sofort ihren Anmeldelink zusenden würden.

Wenn Jemand nicht bereit sein sollte die Fragen zu beantworten erkennt diese Person nicht Deine Autorität an und dann würde ich direkt dankend das weitere Gespräch beenden. Diese Leute versuchen zu 99% eh ihr eigenes Ding zu machen und sind daher generell Zeitdiebe.

22. Was ist Dein Motiv?

Glaubst Du, dass der Erfolg vor allem auch immer etwas mit Motivation und Leidenschaft zu tun hat? Ich bin absolut davon überzeugt das man nirgends etwas im Leben erreichen kann ohne sein Motiv zu kennen! In diesem Artikel werde ich Dir daher verraten wieso es wichtig für Deinen MLM-Erfolg ist Dein „Warum" zu verinnerlichen!

Wahrscheinlich lebe ich bereits lange genug auf dieser Welt um immer wieder erlebt und beobachtet zu haben, dass Leute ohne ein klares „warum" unweigerlich zum Scheitern verurteilt sind! Egal ob im Sport, im Studium oder im Network-Marketing: Nur etwas wegen dem Erfolg oder aufgrund des Geldes zu tun reicht als Motiv nicht aus!

Wenn jemand bspw. erfolgreicher Fußballer werden möchte und es nur wegen finanziellem Interesse tun würde, dann wird er scheitern. Ein Lionel Messi bspw. ist nicht deshalb so erfolgreich im Fußball, weil er damals lediglich das Ziel hatte mit dieser Sportart viel Geld zu verdienen, sondern weil er besessen wurde von diesem Sport und härter trainiert als wohl jeder andere Fußballer!

Ähnlich ist es in der Wissenschaft. Die erfolgreichsten Wissenschaftler wie bspw. Albert Einstein wurden nicht so unglaublich gut, weil sie das große Geld gesehen haben oder die mögliche Anerkennung, sondern weil sie für das was sie tun eine Leidenschaft entwickelt haben. Albert Einstein hat bspw. förmlich gebrannt nach dem was er tat!

Ebenso gilt gleiches bei topp Unternehmern, bspw. Steve Jobs. Glaubst Du ein Steve Jobs konnte sich so motivieren nur wegen des Geldes? Nein, er wollte mit seinen Produkten die Welt verändern!

Selbst im Fitnessstudio wird lediglich nur das Motiv attraktiver auszusehen nicht ausreichen. Wenn es also keinen Spaß macht und einen nicht auch auf andere Art und Weise irgendwie erfüllt, wird man nicht Jahre lang durchhalten können. Von meinen Freunden damals gingen bspw. mal zehn ins Fitnessstudio, mittlerweile sind es gerade mal noch zwei. Wer jetzt eventuell denkt diese hätten am meisten Zeit, der irrt, ganz im Gegenteil.

Ganz ähnlich ist es im Multi Level Marketing. Auch hier reicht nur das Motiv damit Geld zu verdienen bei weitem nicht aus! **Geld alleine ist nicht besonders motivierend. Eventuell kurzfristig, doch keinesfalls um „langfristig“ durchzuhalten und stetig am Ball zu bleiben!**

Gleiches gilt übrigens im klassischen Angestelltenverhältnis, nur etwas wegen des Geldes zu tun, ist definitiv eine der schlechtesten Entscheidungen.

Übrigens, mein erstes damaliges Motiv im Network-Marketing war mein Privatstudium zu finanzieren. Als ich dies damals meinen Freunden erzählte, haben viele nur geschmunzelt bzw. gelacht! Die meisten meinten nur: „Das wird nicht funktionieren!“ Eine Person davon meinte: „Das habe ich auch schon versucht und es funktioniert nicht!“ Und einige meinten: „Ich kenne jemanden der das auch mal gemacht hat und er meinte es klappt nicht!“ Wie sagt man so schön: „Erfolg ersetzt alle Argumente!“

Als ich das Network-Marketing-Business auch nach meinem Studium weiter machte und irgendwann komplett von meinem Geschäft leben konnte bekam dies natürlich nach und nach, und mit dem steigenden Erfolg, auch mein Umfeld mit. Freunde und Bekannte welche damals nein gesagt haben oder meine Karriere-Idee belächelten kamen von selbst auf mich zu und auf mein Business zu sprechen und wollten wissen wie ich das genau mache.

Doch was hat mich dabei weiter angetrieben? Spätestens nachdem ich durch MLM mein Privatstudium finanziert habe? Zu einem war es der Lifestyle, welches dieses grandiose Business ermöglicht. Einfach jeder Zeit dort zu arbeiten und zu leben wo man möchte und wann man möchte. Ich verreise sehr gerne aber ungerne lasse ich mir meinen Urlaub vorschreiben. Als Angestellter kam ich mir immer wie in einer Art Gefängnis vor, denn oft bekam ich nicht so viele Tage Urlaub oder nur dann, wenn meine Freunde wiederum keinen Urlaub bekamen. Als ich in der Bundeswehr war, wollte ich z.B. Bildungsurlaub haben, um mich auf mein Privatstudium auf einer Volkshochschule vorzubereiten. Doch irgendwann war dieser ausgeschöpft und die einzige Option, noch mehr Urlaub zu erhalten, lautete Überstunden zu schieben. Wiederum die einzige Möglichkeit für freiwillige Überstunden war Wachposten zu leisten, welches bedeutete 24h am Stück auf den Beinen zu bleiben. Ein unglaublich langweiliger und einschläfernder Job, wo die Zeit nicht vergehen möchte und eine halbe Ewigkeit dauerte.

Auch das oftmals rabiate Umgehen mit den Arbeitskollegen und schlecht hinter dem Rücken reden war nicht mein Stil. Während meiner Zeit als Bankangestellter machten sich z.B. Kollegen darüber lustig, weil ich einmal das Telefon falsch annahm, also eine falsche Begrüßungsformel nannte. Nach dem Motto: „Guck mal, der ist sogar schon zu blöd richtig einen Anruf entgegenzunehmen."

Mein Motiv war raus zu kommen aus diesem Kindergarten. Aber auch es all diesen Leuten welche an mich nie geglaubt haben zu zeigen. Jedes „Nein" motivierte mich umso mehr.

Zudem bin ich ein Mensch der immer erst extrem spät ins Bett kommt. Bereits während meiner Schulzeit kam ich nie vor 0 Uhr zum Schlafen und dies obwohl ich bereits mit 12 bis 18 Jahren Zeitung austrug und dafür noch vor der Schule gegen 05:30 Uhr aufstehen musste. Zum Ausruhen nach der Schule blieb übrigens keine Zeit, denn direkt ging es zum Fußball. Network-Marketing ermöglichte es mir nun endlich nach meinem Biorhythmus schlafen zu können und dies heißt dann, in der Regel, erst morgens um 5 Uhr bis 8 Uhr ins Bett und erst mittags gegen 13 bis 16 Uhr aufstehen. Am frühen Morgen ist es mir eh immer zu stressig, wenn die ganzen Leute in der Hektik sind.

Darüber hinaus spornte mich an, dass nur Network-Marketing mir erlauben würde meinen Hobbies, allen voran meinen Sport, nachzugehen. Denn bei einem normalen Job fehlt einem oft die Zeit und die Energie um es noch abends zum Training zu schaffen.

Ein weiteres Motiv von mir war später bei meinen Kindern sein zu können und für sie da zu sein. Ich genieße jede Minute mit meinem Sohn. Erst generell dann, wenn er ins Bett geht, fange ich an zu arbeiten.

Wichtig war für mich auch, wenn ich irgendwann in der Zukunft von dannen schreite, ein Einkommen weitergeben zu können, z.B. an meine Frau und Kinder. Denn das Passive-Einkommen im Network-Marketing ist bekanntlich eine Art Unternehmensbeteiligung, welche später vererbt werden kann, so dass die folgende Generation keine finanziellen Sorgen zu haben braucht.
Wenn Du jetzt glaubst das sind alle Motive welche mir die Kraft und die Überzeugung für Network-Marketing gegeben haben, dann hast Du Dich getäuscht. Es sind vielleicht gerade mal etwa 20%. Doch Du siehst am eigenen Beispiel das Dir MLM viele „Warum“ geben kann aus welchen Du dann wiederum Deine Energie ziehst.

Was sind also Deine Motive für Network-Marketing? Welche davon treiben Dich am meisten an?

23. The Tipping Point – auf einen Schlag ist der Virus nicht mehr aufzuhalten

Hast Du schon mal von dem Begriff des „Tipping Point“ gehört? Der Tipping Point beschreibt, dass ab einer gewissen Zahl bzw. Menge eine bestimmte Entwicklung nur noch schwer aufzuhalten ist. Warum es wichtig ist als Networker diesen Tipping Point zu verstehen, darauf werde ich in diesem Artikel eingehen.

Soviel vorab, mir selber ist diese Bezeichnung des Tipping Point zum ersten Mal im Rahmen meiner wissenschaftlichen akademischen Arbeit über das Viral-Marketing bekannt geworden. Im Zuge dessen beschreibt Malcom Gladwell das in den siebziger Jahren von Wissenschaftlern beobachtet wurde, das ab einer bestimmten Menge zugezogener schwarzer Amerikaner in eine Gegend, plötzlich nahezu ruckartig die weiße Bevölkerung aus diesem Viertel auswanderte. Bedeutet also in dieser Theorie, ab einer kritischen Größe ergibt sich ein bestimmtes Ereignis in verstärkter Ausprägung!

Doch was hat dies nun mit Multi-Level-Marketing, geschweige mit Marketing überhaupt, zu tun? Nun, als erstes ist diese Theorie ein Element im Viral-Marketing um versuchen zu verstehen ab wann eine Virus artige Verbreitung der (Werbe-) Botschaft, also quasi **the point of no return**, nicht mehr aufzuhalten ist. So konnte ich diese Entwicklung bspw. bereits in einer meiner Youtube-Videos beobachten. Einige Videos von mir plätscherte Monate lang vor sich hin und auf einen Schlag kamen monatlich tausende Besucher auf den Beitrag. Auch im Bereich der Follower-Gewinnung über soziale Netzwerke konnte ich feststellen, dass ab einer bestimmten Zahl an Fans spürbar und auch in Zahlen klar erkenntlich ein förmlich ruckartiger Zuwachs entsteht. Diese Gesetzmäßigkeit gilt erstaunlicherweise sogar im Universum. Je größer

ein Planet ist, umso mehr, schneller und stärker zieht er andere Himmelskörper an und wächst zunehmend exponentiell.
Wenn Du z.B. zur Promotion ebenso zusätzlich Social-Media nutzen möchtest, also z.B. Youtube, Instagram, TikTok, Facebook etc. dann weißt Du, dass Du dank des Tipping Points, nach und nach eine steigende Eigendynamik entwickeln kannst!

Selbst wenn Du eventuell weder Viral-Marketing, noch Social-Media-Marketing einsetzt, benötigt meiner Meinung nach jeder Networker dieses Wissen über die Theorie des Tipping Point für sein Business. Denn auch im Multi-Level-Marketing ist es so, dass **es Anfangs – für alle Networker – sehr schleppend läuft, d.h. zu Beginn fühlt man sich wie ein Alleinunterhalter** da man nahezu ausschließlich allein für Wachstum in der Struktur sorgt. Erst nach und nach kommt Stepp by Stepp und verstärkt spürbar zusätzlich eine Eigendynamik durch das Team herein. Doch bevor es soweit ist, kann eine gefühlte Ewigkeit vergehen.

Aus eigener Erfahrung kann ich sagen, dass im Allgemeinen ab etwa 100 bis 200 Teampartnern (verstärkt) spürbar ein Zuwachs und Duplikation entsteht. Da allerdings dummerweise die meisten Networker diesen Tipping Point nicht kennen, geben viele noch weit vor den ersten 100 und 200 Partnern auf, denn sie addieren bspw. die Gegenwart an Partnern und Duplikation mit der Zukunft – d.h. **die meisten Networker sind sich des zunehmenden Faktors der Macht der Eigendynamik nicht bewusst.**

Wobei noch hinzu kommt, dass sich generell sowieso nur 10 bis max. 30 Prozent der Teampartner duplizieren, d.h. wer noch keine zehn Teampartner im Team hat, wird häufig noch gar keine Duplikation feststellen. So ist es nicht weiter überraschend das viele Networker – da sie die Dynamik nicht kennen, geschweige sich vorzustellen vermögen – noch bereits weit vor den ersten 10 Teampartnern ihr MLM-Business hinschmeißen, mit Worten wie: „Bei mir funktioniert Multi-Level-Marketing nicht!"

Damit Du eine bessere Vorstellung davon bekommst wie dieser Tipping-Point sich in der Dynamik nahezu unglaublich entwickeln kann, werde ich Dir dazu nun konkrete eigene Erfahrungen verraten. Im 1. Jahr war es bei mir im MLM generell immer so, dass zwischen 80 bis 90% der neuen Teampartner in meiner Orga durch meine eigene Leistung hinzukamen. Bedeutet, ich brachte z.B. 100 Partner ins Team und lediglich 10 bis 20 Partner kamen durch Teamleistung herein. Ernüchternd nicht wahr? Zu diesem Zeitpunkt und wenn man auf das Jahr dann zurückblickt, ganz ehrlich, da sagt man sich so etwas wie: „Alleine würde ich mehr schaffen …" Und natürlich ist man zu diesem Zeitpunkt auch enttäuscht, sowohl vom Businessmodell, als auch von der Leistung der Teampartner.

Im 2. Jahr waren es dann teilweise bereits nur noch 30 bis 50% meiner Eigenleistung, d.h. wenn ich z.B. im zweiten Jahr direkt 100 Erstlinien sponserte kamen schon weitere immerhin 43-100 durch mein Team zu Stande. Dies ist allerdings kaum spürbar und zu diesem Zeitpunkt glaubt man noch nicht wirklich an das Geschäft, hat viele (Selbst-)Zweifel und wird langsam ungeduldig.

Langsam ab dem 3. Jahr fing es dann in der Regel an interessant zu werden, da die Quote dann generell bzgl. der Gesamtleistung der Teampartnereinstiege nur noch zwischen 20 bis 25% lag. Bedeutet, wenn ich z.B. wieder 100 Erstlinien sponserte, gewann das gesamte Team nochmal zwischen 300 bis 400 Partner dazu. Dies sind dann also im Schnitt schon immerhin circa ein Partner täglich, welcher zur Orga hinzustößt.

Im 4. Jahr lag ich bereits bei nur noch um etwa 15% meiner Eigenleistung an neuen Teampartnern. Wenn ich also wieder um die 100 Erstlinien im gesamten Jahr sponserte, kamen bereits etwa um die 600 bis 700 durch die Orga herein. Also immerhin in etwa um die zwei Partner täglich. Natürlich kamen nicht jeden Tag zwei Partner hinzu, sondern auf das gesamte Jahr gerechnet, d.h. es gab Tage wo bis zu zehn Partner hinzukamen und auch mal teilweise ganze 5 Tage am Stück wo gar nichts passierte.

Ab dem 5. Jahr ist es durchaus möglich das man bereits bei nur noch 10% an Eigenleistung selbst zusteuert, d.h. bei z.B. wiederum 100 Erstlinien im Jahresverlauf, das Team weitere 900 hinzugewinnt. Eventuell knackt man dann sogar bereits das erste Jahr den vierstelligen Partnerzulauf.

Erkennst Du die unglaubliche Dynamik? Bereits im 2. Bis 3. Jahr ist es durchaus möglich das schon mehr Teampartner – und Kunden – durch die Leistung Deines Teams entstehen, als Du selber direkt hereingebracht hast.

Um Dir eine noch bessere Vorstellung zu geben, zeigt Dir die folgende Tabelle, bei einer angenommenen Duplikation von 5% im Monat, warum **Geduld, Kontinuität** und **Konzentration auf „ein“ MLM-**Business so wichtig ist:

Geschäftspartner	**Kommen mtl. bei 5% Wachstum hinzu**	**Differenzeinkommen bei bspw. 20 Euro im Durchschnitt**
20	1	20
40	2	40
80	4	80
160	8	160
300	15	300
600	30	600
1.200	60	1.200
2.400	120	2.400
10.000	500	10.000
50.000	2.500	50.000
100.000	5.000	100.000

Spätestens jetzt wirst Du verstehen warum es auch im Network-Marketing – wie beim Zinseszins – so wichtig ist geduldig zu sein und dabei zu bleiben!

Zum Anfang wirst Du das Gefühl haben es lohnt sich nicht und Du bekommst kaum was zurück!!! Doch sofern Du konsequent weiter machst wirst Du nach und nach eine wachsende Eigendynamik feststellen!

In der vorangegangenen Tabelle siehst Du, dass Du bei 5% Wachstum im Monat unterhalb von 20 Teampartnern in Deiner Struktur keinen neuen Teampartner im Monat erwarten kannst – außer eben die direkten Anbindungen, welche wieder durch Deine eigenen Aktivitäten ins Team kommen. Ab 20 bis 40 Teampartnern würdest Du wohl noch eher von Glück ausgehen, doch ab nur 80 Teampartnern könntest Du schon pro Woche immerhin zusätzlich mit etwa einem Teampartner – welcher durch Deine Struktur reinkommt – kalkulieren. **Ab etwa 600 Teampartnern kannst Du schon in etwa täglich, von einem weiteren neuen Teampartner, in diesem Beispiel, ausgehen.**

Übrigens, bezüglich des Einkommens ist die Tabelle natürlich lediglich eine Beispielrechnung! Im Durchschnitt verdienen Networker in etwa 0,5 bis 2 Euro je Teampartner im Monat, nach meinen Analysen und Erfahrungen.

Du siehst Multi-Level-Marketing benötigt viel Geduld, Kontinuität, Weitsicht und vor allem von Anbeginn ein stabiles MLM-Business! Hoffentlich ist Dir dabei auch deutlich geworden, dass MLM keine

Grundlage darstellt um schnell Geld zu verdienen! MLM kann „langfristig“ eine lukrative Einnahmequelle werden und sogar eine Haupttätigkeit komplett ersetzen, doch davor stehen viel Schweiß und harte Arbeit! In der Regel sollte man Minimum – als Neueinsteiger – 3 bis 5 Jahre einplanen, sofern man sich ein Haupteinkommen in dieser Branche aufbauen möchte!

Natürlich werden Deine Zahlen letztendlich anders ausfallen, sie können höher oder geringer sein und sind natürlich auch wesentlich von Deiner eigenen Sponsorleistung abhängig, von der Entwicklung der Firma, der Duplizierbarkeit Deines Sponsorsystems, der Qualität Deiner Partner usw.. Dies ist ganz ähnlich wie bei jedem anderen viralen-Effekt, ganz egal ob im Social-Media oder in der Natur. Es sind unterschiedliche Faktoren welche die Dynamik mitbestimmen, doch da ich persönlich bereits mehrmals größere Strukturen von bis zu mehreren tausenden Partnern aufbauen durfte, kann ich Dir sagen das **Network-Marketing immer wieder mit derselben Gesetzmäßigkeit bzgl. der zunehmenden Dynamik funktioniert**. Bedeutet, auch wenn die Zahlen immer individuell unterschiedlich sind ergibt sich stets ein zunehmend verstärkender Faktor in Richtung Exponentialfunktion.

Schwer ist es vor allem lang genug durchzuhalten, bis dieser Faktor in seiner Dynamik wirklich in der Struktur sichtbar wird.

Sobald Du erstmal den kritischen Punkt des Tipping Point erreichst, ist die Kettenreaktion quasi nicht mehr aufzuhalten. Wichtig ist, aber gerade dann nicht aufzuhören und Dich nicht zurückzulehnen, sondern weiterzumachen und weiterhin vorbildlich aktiv zu sein, um das Momentum weiter anzutreiben. Viele Top-Networker behaupten sogar, dass es im Schnitt mindestens vier neue Erstlinien monatlich benötigt um keine Stagnation oder Umsatzrückgänge zu riskieren.

Fazit

Als Networker solltest Du unbedingt die wichtigen Zahlen zur Duplikationsrate und des Tipping Points kennen. Andernfalls wirst Du schnell entnervt aufgeben und das Handtuch schmeißen!

Wichtig zu verstehen ist dabei gleichzeitig, dass es sich hierbei lediglich um Näherungswerte handelt, d.h. wenn jemand bspw. 10 Partner im Team hat und dabei feststellt das eventuell immer noch keine Duplikation einsetzt, dann hat dieser Partner eventuell schlicht Pech gehabt. Ebenso kann jemand bei bspw. 10 Teampartner eventuell schon 4 Partner gewinnen – wenn er großes und schon fast unverschämtes Glück hat – wo bereits Duplikation einsetzt. Es sind also hierbei lediglich Durchschnitts- und Erfahrungswerte, welche dazu dienen sollen Dir eine bessere Vorstellung zu vermitteln, wie Network-Marketing wirklich in der Praxis funktioniert und sich nahezu wie von zauberhaft entwickeln kann.

Es ist ähnlich wie beim Würfeln: Irgendwann würfelt selbst der wohl möglich größte Pechvogel eine sechs! Das Gesetz der Wahrscheinlichkeit funktioniert also letztendlich immer und der Durchschnitt ist – je höher die Zahlen werden – bei allen Teilnehmern annähernd gleich.

Dementsprechend sollte man sich auch bei einem eventuell nicht so rosigen Start ins MLM-Business nie entmutigen lassen und weiterhin nach Plan agieren, ganz nach dem Slogan: „Das Glück des Tüchtigen“! Bedeutet, wer aktiv ist und bleibt, wird das Glück zu seinen Gunsten stetig positiv beeinflussen und kann sich irgendwann nicht mehr dem Glück entziehen!

24. Die Relevanz des Wachstumszyklus

Bereits jetzt weißt Du weit mehr als über 95% der Networker, welche MLM nicht oder lediglich teilweise verstehen und die meisten davon niemals gut genug verstehen werden um lang genug dabei zu bleiben. Vor allem aufgrund dessen, nicht geduldig genug sind um bei einem Unternehmen das nötige Stehvermögen mitzubringen.

Diese Unwissenheit, indem **Network-Marketing kurzfristig leider so häufig weit überschätzt wird und gleichzeitig „langfristig" umso mehr unterschätzt** lässt viele resignieren. So wie mich damals auch, als ich, trotz stetiger steigender Eigenleistung, kaum Entwicklung im Team sah.

Wenn Du den Tipping-Point kennst dann weißt Du wie sich die Hebelwirkung mit der Zeit im Network-Marketing tendenziell immer weiter vergrößert. Und das „tendenziell" ist ebenso wichtig zu verstehen, denn auch dies ist Grundlage um lange genug im Network-Marketing durchzuhalten. Denn **die Hebelwirkung wird sich niemals glatt in einer Linie entwickeln, sondern mit unregelmäßigen Wellenbewegungen**, d.h. ähnlich wie im Konjunkturzyklus[21] wirst Du z.B. mal einen extrem starken Monat, Quartal oder Jahr erleben, wie z.B. einer Verdopplung der Leistung an Teampartnern oder Kundenregistrierungen und wiederum einen anderen Zeitraum wirst Du Einbrüche verzeichnen.

Dadurch das MLM ein sehr dynamisches Business ist, kann besonders die Anfangszeit turbulent zugehen. Denn gerade dann, wenn Dein Erfolg zu Beginn nur auf der Leistung weniger Teampartner

[21] https://www.vimentis.ch/d/lexikon/264/Konjunkturzyklus.html

beruht, wird es spürbar sein, wenn einer dieser Teamparter mal schwächelt, im Urlaub ist oder gar wegbricht. Viele Networker haben sich dann schon entmutigen lassen, ganz nach dem Motto: „Endlich mal ein guter Partner und dann hört selbst der auch noch auf." Keine Sorge, dieser Partner war womöglich doch nicht der richtige und wird zudem ggf. später noch zurückkommen. Sehe es dann als erste positive Zuckung in die richtige Richtung. Bedeutet, womöglich wird bereits die zweite Zuckung in Deiner Struktur in einem positiven Krampf enden, wo ab dann nur noch eine Richtung vorwärts verläuft, sofern ggf. schon dann der Tipping-Point erreicht wurde.

In der Regel ist es aber ähnlich wie bei einem Motor aus längst vergangener Zeit, welcher erstmal angekurbelt wurde, anfängt ab und zu zu zucken und zu stottern und irgendwann dann endlich läuft.

On the long run wirst Du immer mehr Stabilität ins Team bekommen, da mit wachsender Teampartneranzahl ein besserer Durchschnittswert entsteht. Wenn dann z.B. mal ein guter Partner in den Urlaub fliegt oder aus anderen Gründen vorübergehend ausfallen sollte, wird dies bei Dir im Gesamtergebnis immer weniger zu spüren sein.

In der Wirtschaft ist es ähnlich, es gibt Boomphasen und Rezessionen und Depressionen. Depression trifft es übrigens sehr gut, denn als Networker ist es wahrlich deprimierend, wenn zu Beginn nach der ersten Boomphase daraufhin der Abschwung einsetzt. Doch das tolle ist, nach der Depression folgt wiederum der Aufschwung und der Boom. Dies passiert übrigens auch Firmen insgesamt. Nahezu alle Firmen weltweit, egal ob Mercedes[22], Apple[23] , Amazon[24] oder eben Network-Firmen haben Jahre mit Umsatzrückgängen oder Nullwachstum. Oft sind dies dann lediglich die Zeiten wo neuer Anlauf genommen wird um die nächste Umsatzschwelle zu erreichen.

---

[22] https://de.statista.com/statistik/daten/studie/30737/umfrage/umsatz-der-daimler-ag/

[23] https://de.wikipedia.org/wiki/Apple
https://de.statista.com/statistik/daten/studie/39388/umfrage/umsatz-von-apple-seit-2004/

[24] https://de.statista.com/statistik/daten/studie/197099/umfrage/nettoumsatz-von-amazoncom-quartalszahlen/

25. MLM und Zukunft

Geschäfte kommen und gehen, doch Network-Marketing wird, meiner Ansicht nach, immer bleiben. Denn gute Empfehlungen waren schon immer einer der wichtigsten erzielten Umsätze von Kaufmännern und Unternehmern.

Die klassische Werbung hingegen ist noch relativ neu und viele gängige Vertriebskanäle haben seit Jahren mit Einbußen zu kämpfen, seien es nun die Printmedien[25] oder die TV-Werbung[26]. Dies liegt auch u.a. schlicht daran, das klassische Werbung für die Firmen immer schlechter funktioniert, da der Verbraucher dem Marketing immer weniger Aufmerksamkeit schenkt. Kaum jemand liest sich z.B. heutzutage noch die komplette Werbung im Briefkasten durch. Im Fernsehen wird jede Werbeunterbrechung generell als Pause betrachtet, wo der Endverbraucher dann z.B. gerne kurz in die Küche wandert oder den Müll rausbringt, da er sich den Müll im Fernsehen einfach nicht ansehen möchte.

Zudem steigen die Werbekosten rapide an, so das Unternehmen mit viel Budget und Risiko in Vorleistung gehen müssen, bis sie dann „langfristig“ vielleicht die Gewinnschwelle erreichen. Bedeutet klassische Werbung wird immer aufwendiger, komplexer und bringt gleichzeitig immer weniger Ertrag.

---

[25] https://de.statista.com/statistik/daten/studie/12551/umfrage/umsatzentwicklung-der-zeitschriften-seit-2003/

[26] https://www.prosiebensat1.de/presse/prosiebensat-1-verzeichnet-2018-leichtes-organisches-umsatzwachstum

In manchen Bereichen ist es den Firmen sogar verboten Werbung zu betreiben, denken wir z.B. nur an die Tabakwerbung.

Empfehlungen hingegen werden allezeit funktionieren, ganz egal ob morgen oder übermorgen oder in hundert Jahren. Dies haben auch viele Firmen erkannt, welche verstärkt Partnerprogramme einsetzen. Wusstest Du z.B. das Amazon einer der größten Partnerprogramme der Welt betreibt, indem über Empfehlungslinks quasi jedermann Provisionen generieren kann? Ebenso setzt z.B. Google das Adsense-Partner-Programm[27] ein, womit z.B. Webseitenbetreiber oder Influencer auf Youtube, Werbung von Dritten bei sich einblenden können und damit an den verkauften Werbeeinblendungen auf ihrer Seite von Google beteiligt werden. Immer mehr Firmen erkennen die Macht des „Mitmachwebs", also Menschen am Erfolg zu beteiligen, wenn sie sich wertvoll für die Firma einbringen und versuchen daher immer höhere Anreize zu setzen.

Besonders das Internet bietet dafür, u.a. aufgrund der leichten Umsetzung von Partnerprogrammen und Messung der Ergebnisse, viel Potential. Da die Firmen unter einander im Wettbewerb stehen wird auch die Konkurrenz bei den Partnerprogrammen zunehmen, d.h. die Programme noch fairer und lukrativer werden, um eben möglichst viele potentielle Vertriebspartner überzeugen und begeistern zu können.

Während klassisches Affiliate-Marketing nur die direkte Vermittlung an den Kunden honoriert und somit der Affiliate generell bei weiteren Empfehlungen in der Tiefe leer ausgeht, also keine Umsatzbeteiligung erhält, bietet Network-Marketing hingegen eine wesentlich fairere Alternative. Stelle Dir z.B. vor ein Unternehmen A welches Produkt x vertreibt hat mindestens gleich gute Produkte wie Unternehmen B und beide bieten ein Partnerprogramm an, wobei das eine aber nur die direkte Vermittlung honoriert und das andere hingegen auf bis zur unendlichen

[27] https://www.google.com/adsense

Tiefe, für welches Partnerprogramm würdest Du Dich entscheiden? Genau, MLM ist generell das wesentlich lukrativere Programm und daher ist schon heute zu beobachten das immer mehr Firmen eine Second-Level-Beteiligung, auch oft Two-Tier-Provision genannt, einsetzen. Welches allerdings kein echtes mehrstufiges-Vermittlungssystem „MLM" darstellt, sondern generell lediglich eine Beteiligung für geworbene Affiliates und auf dessen direkt erzielten Kundenumsätze.

Der Druck bei den Partnerprogrammen wird, wohlgemerkt, weiter steigen und gleichzeitig wird die Technik immer günstiger, so dass zunehmend auch KMU verstärkt auf Empfehlungsprogramme, mit einem möglichst langen Hebel, also mehrstufige-Vermittlungssysteme, zurückgreifen werden.

Da zudem bisher kaum jemand, vor allem im deutschsprachigen Raum, MLM kennt, ist die beste Zeit anzufangen genau **JETZT**.

Schlusswort

Ohne all die zahlreichen Networker, mit denen ich ständig im Gespräch bin, wäre dieses Buch niemals entstanden, geschweige möglich gewesen. Daher gilt mein Dank an euch alle und jeden Einzelnen von euch.

Ich hoffe, dass Du Dich nach dem Lesen dieser Lektüre ausreichend aufgeklärt und informiert fühlst bzgl. der grandiosen Möglichkeiten und Realitäten im Multi-Level-Marketing. Nach meiner Erfahrung ist Network-Marketing ähnlich wie die Fliegerei, wer einmal damit angefangen hat und erste Erfolge generiert der wird nie wieder von dieser Branche loslassen können, da man dann endgültig infiziert ist. Ich würde mich darüber freuen, wenn ein Teil meiner Begeisterung und tiefster Überzeugung zu dieser einzigartigen Industrie auf Dich übergegangen ist und Du somit noch sicherer und selbstbewusster Deine zeitliche und finanzielle Freiheit ansteuerst. Es lohnt sich! Wenn Du dem zustimmst – exzellent! Das war meine Zielsetzung.

Über den Autor

Eigentlich wollte Matthias Hagg anfangs nur MLM betreiben um sein Privatstudium finanzieren zu können, wozu er einen fünfstelligen Betrag brauchte. Die ersten Jahre im MLM verliefen für ihn katastrophal. Obwohl er alles umsetzte was ihm sein Sponsor empfahl konnte er mit diesen Methoden nicht einen einzigen Kunden und Partner gewinnen. Er besuchte regelmäßig Online-Webinare seiner Upline, nutze die Hotel-Meetings, verschenkte Produkte seines Unternehmens, sprach Einzelhändler an, verteilte Flyer, nutze die Namensliste, schrieb seine Domain auf Geldscheine, versteckte Werbezettel in Bücher der Bibliothek, haftete einen riesigen Sticker auf das Auto seiner Eltern, brachte Werbezettel an Laternen an und tat noch vieles mehr, doch das Ergebnis war lediglich das er mehrere tausend Euro in Maßnahmen investierte welche keinen einzigen Cent Umsatz generierten.

Kurzzeitig war Matthias kurz davor aufzugeben. Doch er erkannte, das unzählige Menschen weltweit in dieser Branche erfolgreich sind und es daher auch für ihn funktionieren würde, wenn er nur weiter macht und sich das nötige Wissen für Erfolg aneignet.

Erst im zweiten Jahr verdiente er seine ersten paar Euro im Network-Marketing und es sollte nochmal so lange dauern, im vierten Jahr, wo er zum 1. Mal über tausend Euro im Monat erzielte. Kurz danach wieder Ernüchterung und Enttäuschung, denn seine damalige Partnerfirma verschwand, so dass er abermals erneut bei null anfangen musste. Es sollten viele weitere Jahre vergehen, indem er unzählige Fehler machte und in nahezu jedes Fettnäpfchen rein trat, welches man wohl nur in dieser Industrie machen konnte. So wurde er zwar in der Partner- und Kundengewinnung immer besser, da er sich bereits während seines Studiums auf Online-Marketing spezialisierte und u.a. zwei wissenschaftliche Abschluss-Arbeiten zu diesen Themen schrieb - Bachelorarbeit: „Effiziente Strategien virales Marketing auf Web 2.0–

Plattformen zu integrieren“ und die Diplomarbeit: „Guerilla Marketing als besondere Chance für Kleinunternehmen“. Seine Diplomarbeit konnte er im Januar 2015 unter zwei Professoren der renommierten ESB-Business-School mit der Note 1,0 und 1,5 erfolgreich verteidigen. –, doch er machte u.a. bei der Wahl seiner jeweiligen MLM-Firma den mehrmaligen Folgefehler stetig ein zu junges Start-Up zu wählen, so dass er immer wieder und wieder erneut vor dem Nichts stand.

Nach seinem Studium arbeitete er als Online-Marketing-Manager und betrieb nebenbei weiterhin Network-Marketing. Mittlerweile ist er endlich dort angekommen wovon er immer geträumt hat: Finanzielle und zeitliche Freiheit, Selbstbestimmung und örtliche Unabhängigkeit.

Matthias zeigt das es jeder schaffen kann, wenn man nur nicht zu früh aufgibt. Er sagt selbst: „Scheitern ist im MLM nicht möglich, man kann nur zu früh das Handtuch werfen. Dafür gibt es allerdings im Multi-Level-Marketing keinen plausiblen Grund, da man weder pleitegehen, noch zu alt für das Business werden kann. Hätte ich damals frühzeitig aufgegeben, wäre ich nicht da angekommen, wo ich heute endlich bin. Es gab schwere Zeiten und viele Enttäuschungen aber rückwirkend gesehen war es nicht wirklich schwierig. Insbesondere nicht im Verhältnis zu den möglichen Alternativen in der freien Wirtschaft, wo die Berufswelt viel härter ist und gleichzeitig das finanzielle Endergebnis allgemein ernüchternd ausfällt und nicht zuletzt immer ein anderer darüber entscheidet wie weit man in der Karriere aufsteigt oder eben nicht. **Letztendlich waren die Hauptgründe für meine Jahrelangen Enttäuschungen und Rückschläge im MLM meine eigene Unwissenheit.** Anfangs vor allem im Grundverständnis zum MLM und Marketing und später bei den Unternehmensentscheidungen, sodass ich wesentlich mehr Zeit brauchte als es eigentlich nötig gewesen wäre. Ich hoffe mit dazu beitragen zu können, dass viele einfacher und schneller im MLM auf die Erfolgsspur kommen und durch meine langjährigen

Erfahrungen und Missgeschicke, selbe Fehler von Beginn an umgehen, um möglichst frühzeitig in das richtige Fahrwasser zu gelangen.“

Dir könnte auch gefallen

Wenn Du (zusätzlich) über das Internet neue potentielle Partner und Kunden gewinnen möchtest und bisher keinen Plan hast wie Du dies erfolgreich in der Praxis umsetzen kannst, dann empfehle ich Dir das Video-Coaching unter https://mlm18.de/Rabatt, wo ich Dir verrate mit welchen Methoden es mir gelungen ist weit über eintausend Erstlinien im MLM aufzubauen.

Dabei handelt es sich um moderne Inbound-Marketing-Strategien, indem Du lernst wie potentielle Partner und Kunden von selbst auf Dich zukommen. Das Beste dabei, diese Strategien sind gleichzeitig auch für Deine (zukünftigen) Partner ebenso duplizierbar. So konnten bereits viele Teilnehmer mit diesen Methoden bis zu hunderte Erstlinien gewinnen und dies in relativ kurzer Zeit: Teilweise mehr als einhundert direkte Partner schon im 1. Jahr.

Als Leser erhältst Du **25% Preisnachlass**, wenn Du den folgenden Code auf der Bestellseite eingibst: ***RabattLeser***

Willst Du noch mehr Rabatt? Gerne! Wenn Du mit dem Buch zufrieden bist, hinterlasse einfach eine positive Produktbewertung unter: amazon.de/ryp

Danach sende mir eine E-Mail an info@strukturvertrieb.ws oder via Whatsapp an 0176/5678 5603 mit „Rezension gepostet, MLM-Buch Gutschein bitte“ im Betreff/Nachricht und Deine Amazon-Bestellnummer. Du bekommst anschließend in innerhalb von 48h einen 100% RABATT Gutschein-Code zum Video-Coaching-Kurs.

~~€67.00~~ →Dein Preis **€0**

Rechtliches

Impressum

Matthias Hagg, Diplom-Kaufmann (FH), B.A. (Europäische Betriebswirtschaftslehre)
Barcastraße 6
19055 Schwerin
Deutschland

Coverbilder
apid | depositphotos.com

Printed in Poland
by Amazon Fulfillment
Poland Sp. z o.o., Wrocław

61298994R00103